MEGACOOLE PAPIER-FLIEGER

Andrew Dewar

ULLMANN

Inhalt

Die Flieger

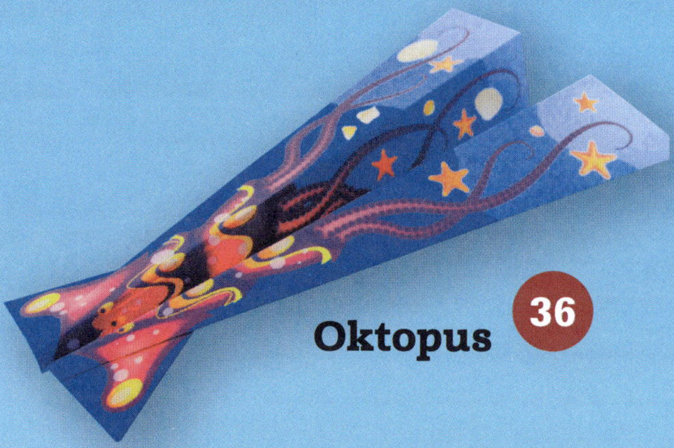

Fireball 42
Schneller Pfeil 44
Spade 46
Delta-Jet 48
Ringgeist 50
Space Cruiser 52
Raptor 54
Iceberg 56

Als ich noch ein Kind war …

... habe ich ständig Flugzeuge gebastelt. Gelegentlich kaufte ich Balsaholz, einen Propeller und Gummibänder und verbrachte mehrere Wochenenden damit, daraus ein Modellflugzeug zu bauen. In den Zeitschriften stand, dass es prima fliegen würde, wenn ich es mit Sorgfalt baute und konfigurierte. Aber ich wollte es am liebsten sofort draußen fliegen lassen. Mehrere Tage Bauzeit waren zu viel für mich – meine Holzflugzeuge hoben nicht ab.

Nahm ich aber statt Holz Papier, konnte ich einfach so lange falten und testen, bis ich in wenigen Stunden ein flugfähiges Modell hatte, das gleich draußen fliegen konnte. (Und ich musste nicht extra zum Modellbauladen pilgern!)

Heute bin ich ein großes Kind, aber noch immer jedes Mal freudig aufgeregt, wenn ein neuer Papierflieger pfeilgerade bis ganz hinten durchs Zimmer saust. Sofort will ich dann neue Modelle falten!

Die Flieger in diesem Buch sind das ultimative Ergebnis dieses Strebens nach interessanten Flugzeugen, die schnell gefaltet sind, aber trotzdem super fliegen. Wenn du sorgfältig den Anleitungen und den nummerierten Linien auf dem Papier folgst, kannst du die Flieger in wenigen Minuten fertigstellen. Und doch fliegen sie erstaunlich lange – womöglich länger als jeder Papierflieger, den du vorher gebaut hast! Modelle wie der Delta-Jet fliegen vielleicht sogar durch den ganzen Park!

Papierflieger können sehr lange geradeaus gleiten, bevor sie landen. Oder sie steigen sogar durch die Thermik höher und höher, bis man sie gar nicht mehr sieht.

Das hört sich an wie Magie, ist es aber nicht! Aus nicht viel mehr als einem Stück Papier kannst du Gleiter falten, die durch das Zimmer sausen oder hoch in den Himmel schweben. Dieses Buch verrät dir, wie!

Warum Flugzeuge fliegen ... oder nicht!

Dinge können aus verschiedenen Gründen fliegen. Vielleicht sind sie leichter als Luft und schweben daher herum, wie Staubpartikel. Vielleicht nimmt sie der Wind mit – z.B. einen Drachen, eine kleine Spinne oder einen Löwenzahnsamen. Vielleicht treibt heiße Luft oder Gas sie an, wie eine Rakete. Vielleicht schlagen sie mit den Flügeln, wie Kolibris und Bienen. Vielleicht werden sie wie ein Jumbojet von Triebwerken angetrieben. Oder vielleicht gleiten sie mit weit ausgebreiteten Flügeln, wie Segelflugzeuge, Adler und Papierflieger.

Aber was genau meinen wir, wenn wir über das Fliegen sprechen?

Ein Objekt fliegt, wenn es in der Luft bleibt und nicht herunterfällt. Manche Leute sagen, der beste, am weitesten fliegende Papierflieger sei einfach ein Papierknäuel. Aber das ist nicht Fliegen! Denn das Knäuel fällt einfach nach unten, sobald es deine Hand verlässt. Um zu fliegen, müsste es gleichmäßig gleiten, nicht langsamer werden oder zu Boden stürzen. Natürlich bleiben auch Papierflieger nicht ewig in der Luft, aber sie können lange entlang einer geraden Linie gleiten, bevor sie niedergehen.

In diesem Abschnitt erfährst du, wie es dazu kommt, dass solche Flugzeuge aus Papier fliegen können.

Fliegende Tiere

Nur vier Tierklassen oder -gruppen haben je gelernt, wirklich zu fliegen: Fledermäuse, Insekten, Vögel und Pterosaurier.

Die ältesten Flieger sind die Insekten: Mit ihren Spezialflügeln düsen sie schon seit mindestens 300 Millionen Jahren durch die Gegend. Bei Pterosauriern, Vögeln und Fledermäusen entwickelten sich Arme und Hände zu Flügeln. Haut oder Federn verleihen ihnen die ausladende Form, mit der sie Auftrieb erzeugen. Wir Menschen können nicht fliegen, denn unsere Arme und Hände sind eher dafür geeignet, Werkzeug zu halten als die Luft zu greifen.

Pterosaurier waren fliegende Saurier, die ausgestorben sind. Das ist auch ganz gut, denn die größten waren so groß wie Kleinflugzeuge! Manche Leute glauben, die Märchendrachen seien in Wahrheit Pterosaurier gewesen, die doch länger überlebt hätten. Was meinst du?

Auch viele andere Tiere können ein Stück „fliegen", z.B. fliegende Fische und Gleithörnchen, aber sie können weder vom Boden abheben noch sich in der Luft halten. Doch mit Flossen, Gleithaut oder ihrem flachen Körper erzeugen sie immerhin genug Auftrieb, um ihren Fall zu verlangsamen und vorwärtszukommen. Einige fliegende Fische können mehr als 250 Meter weit über die Wellen fliegen!

Schon gewusst?

Nicht alles, was Flügel hat, kann gleiten. Nur drei Insektenordnungen können in der Luft bleiben, ohne ihre Flügel zu bewegen: Schmetterlinge, Libellen und Heuschrecken. Deshalb können Schmetterlinge Tausende Kilometer weit fliegen: Im Gleitflug können sich ihre Flügel ausruhen. Alle anderen Insekten müssen die ganze Zeit mit den Flügeln schlagen. Uff!

Auftrieb erzeugen

Es ist der Auftrieb, der fliegende Dinge oben hält. Beim Flugzeug entsteht er, weil die Flügel sich durch die Luft bewegen. Wie? Finden wir es heraus!

STÄNDIGER LUFTDRUCK

Wusstest du, dass die Luft ständig Druck auf uns ausübt? Stille Luft tut das gleichmäßig aus allen Richtungen. (Unser Körper verdrängt die gleiche Menge Luft, deshalb merken wir das nicht.) Wind spüren wir, denn diese Luft bewegt sich stärker, trifft uns nur auf einer Seite und fühlt sich daher nach mehr Druck an.

Das Profil einer Tragfläche ist ideal, wenn es oben gewölbt und unten flach ist. Strömt Luft oben entlang, entsteht Auftrieb, denn oben drüber strömt die Luft schneller und reduziert so dort den nach unten wirkenden Druck. Der geringere Luftdruck oberhalb der Tragfläche zieht sie nach oben. Aber warum strömt die Luft an der Flügeloberseite schneller? Und warum verringert das dort den Luftdruck? Weil hier drei Spezialeffekte wirken: der *Coandă-Effekt*, die *Kutta-Bedingung* und der *Bernoulli-Effekt*.

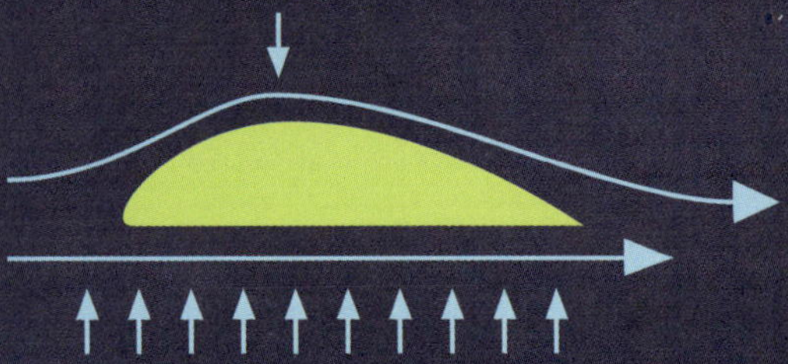

Der Bernoulli-Effekt besagt: Je schneller etwas strömt, desto weniger Druck übt es aus. Strömt die Luft also schneller oben am Flügel entlang, nimmt der Druck nach unten ab. Oben entsteht ein Unterdruck, der den Flügel nach oben „saugt". Auftrieb entsteht!

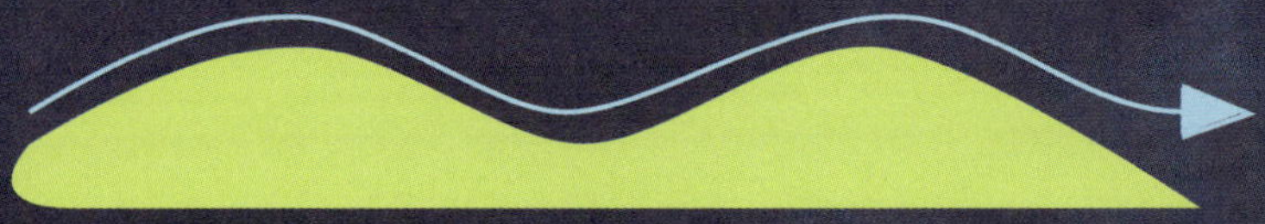

Der Coandă-Effekt besagt: Fluide (z.B. Luft oder Wasser) neigen dazu, dicht an Oberflächen entlangzuströmen. Die Luft folgt also genau der Krümmung des Flügels. Wegen der **Kutta-Bedingung**, die durch das spitze hintere Ende der Tragfläche entsteht, wird die Luft schneller, wenn sie über die Wölbung strömt – so schnell, dass sie rascher zum hinteren Flügelteil gelangt als die unten entlangströmende Luft.

DRACHEN

Ein Drachen ist wie ein Flügel, der in der Luft steht, während Wind darüberströmt. Der Wind will geradeaus. Ist der Drachen ihm also im Weg, versucht er, ihn wegzudrücken, wodurch er steigt. Dies erzeugt auch einen starken Zug, der den Drachen gleichzeitig zurückzieht. Ohne die Schnur, die ihn an Ort und Stelle hält, würde die Luftströmung über dem Drachen abreißen.

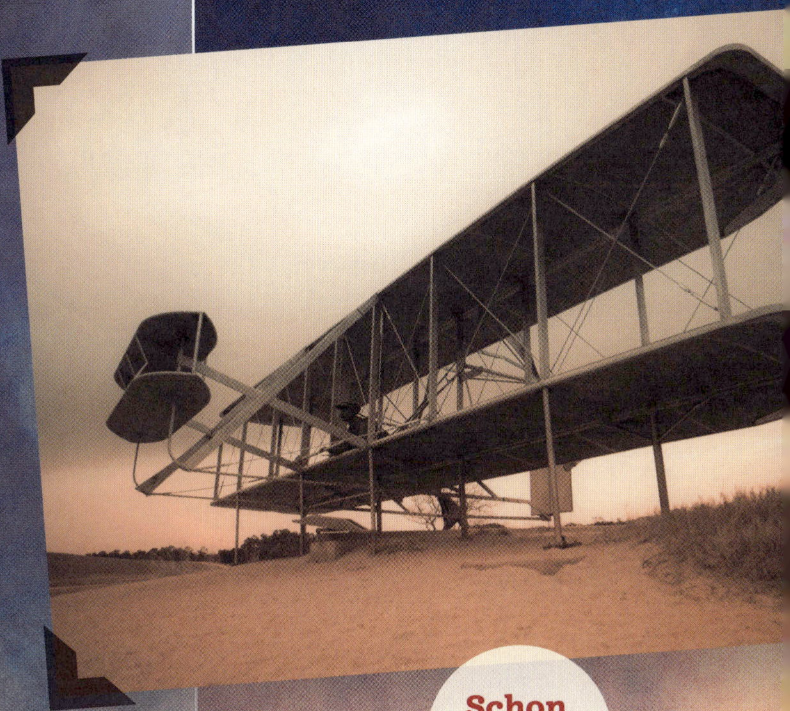

PROBIER'S AUS!

Erstes Experiment: Puste über die Oberfläche eines herabhängenden Blatts Papier. Es wird sich aufrichten und gerade abstehen, wegen des Unterdrucks auf der Blattoberseite. Zweites Experiment: Berühre einen gleichmäßigen Wasserstrahl mit der Rückseite eines Löffels. Du erwartest, dass der Löffel vom Wasserstrahl weggedrückt wird, aber er wird in den Strahl hineingezogen – weil die Geschwindigkeit des Wassers den Druck auf die Löffelrückseite verringert und die Luft auf der anderen Seite ihn zum Wasser hin drückt.

Schon gewusst?

Die Gebrüder Wright sind berühmt dafür, als Erste ein motorisiertes Flugzeug geflogen zu haben. Doch anfangs war es schwierig: Ihre Flügel funktionierten nicht! Dabei hatten sie zum Testen Modelle an ihre Fahrräder geschraubt und auch in einem kleinen Windkanal ausprobiert. Aber sie wussten nicht, dass sich kleine Flügel anders verhalten als große. Am besten funktionierten fast flache Modelle, aber in Originalgröße waren sie dann zu dünn: Sie erzeugten kaum Auftrieb!

Deshalb stürzten auf Drachen basierende Flugzeuge (davon gab es zunächst eine Menge!) meistens ab.

Auftrieb zu erzeugen klingt einfach und ist es eigentlich auch. Aber Auftrieb zieht nicht nur nach oben. Die Luft drückt ja, wie wir gesehen haben, in alle Richtungen, Auftrieb entsteht also überall dort, wo dieser Druck verringert wurde. Flugzeugflügel werden also nicht nur hoch-, sondern auch nach vorn und nach hinten gezogen. Stärke und Richtung des Auftriebs können gesteuert werden, indem man den Winkel des Flügels verändert.

Verteilung des Auftriebs

DER ANSTELLWINKEL

Duch Vergrößern des Anstellwinkels (des Winkels, in dem der Flügel auf den Luftstrom trifft) kannst du den Auftrieb erhöhen. Über die Oberseite strömende Luft wird schneller; Luft, die auf die Unterseite trifft, erzeugt mehr Druck (das Drachenprinzip). Je größer der Winkel, desto mehr Auftrieb. Wird der Winkel aber **zu** groß, stoppt der Coandă-Effekt; die Luft löst sich ab und wird turbulent. Wenn das geschieht, erzeugt der Flügel keinen Auftrieb mehr: Er fliegt nicht mehr.

Schneller heißt mehr Auftrieb. Aber das muss nicht immer besser sein: Auftrieb erzeugt auch Widerstand, welcher den Flügel und so das Flugzeug bremst. Und der wächst viel schneller als die Geschwindigkeit: Fliegt das Flugzeug doppelt so schnell, vervierfacht sich der vom Flügel erzeugte Widerstand! Trotz Auftrieb braucht man also mehr Leistung, um schneller zu werden.

kleiner Winkel, wenig Auftrieb

größerer Winkel, mehr Auftrieb

zu großer Winkel, kein Auftrieb

Schon gewusst?

Auftrieb und Widerstand spürst du zum Beispiel, wenn du deine Hand aus dem Fenster eines fahrenden Autos hältst. Das solltest du aber lieber nicht machen. Halte deine Hand stattdessen dicht vor den Schlauch eines Staubsaugers. Spürst du den Sog? Der entsteht, weil der Luftdruck innen im Vakuum niedriger ist, wie auf der Oberseite eines Flügels, und die dickere Luft außen gegen deine Hand drückt. Halte deine Hand seitlich in den Sog und dann wieder flach. Spürst du den Unterschied? Das ist der Widerstand.

Die Stromlinienform

DICK ODER DÜNN?

Zu viele gefaltete Papierschichten am vorderen unteren Ende machen den Flügel deines Fliegers zu dick: Die Luft kann nicht gleichmäßig um ihn herumfließen, löst sich ab und erzeugt weiter hinten Turbulenzen. Ein dünner gefalteter Flügel sorgt für gleichmäßigere Luft. Dicke Faltungen an der Oberseite des Flügels funktionieren übrigens auch nicht viel besser!

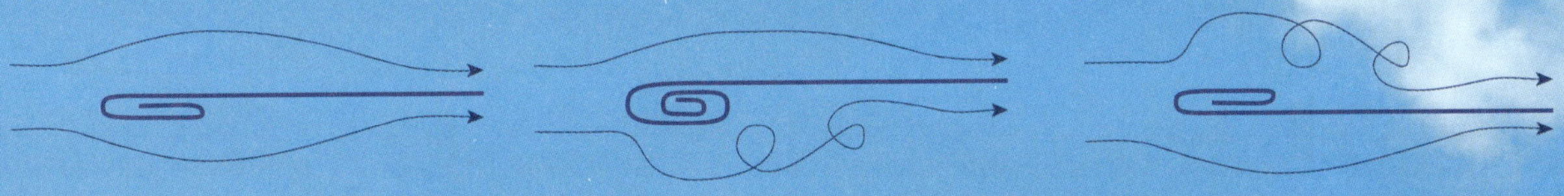

Flugzeuge sollten möglichst glatt und stromlinienförmig sein, damit sie leicht durch die Luft hindurchschlüpfen. Schnittige Flugzeuge sind schnell, weil sie die Luft richtiggehend durchschneiden. Auch Tragflächen müssen stromlinienförmig sein.

Je stromlinienförmiger ein Flügel ist, desto leichter kann die Luft um ihn herumströmen. Die schlechteste Form wäre eine stumpfe Platte: Nicht nur stoppt sie praktisch die Luft, sondern die Strömung dahinter ist auch sehr durcheinander. Ein Halbkreis würde ebenfalls Turbulenzen erzeugen, weil die Luftströme dahinter nicht ordentlich wieder zusammenfinden. Rund wäre schon besser, und flach ist das Stromlinienförmigste überhaupt. Aber denk dran: Ganz flache Flügel erzeugen auch nicht viel Auftrieb. Die beste Flügelform ist also die mit dem wenigsten Widerstand bei größtmöglichem Auftrieb. Bei Papierfliegern ist das ein dünner Flügel mit zwei oder drei Faltungen vorn.

Balance …

Egal, wie toll ein Flugzeug aussieht: Es wird nicht fliegen, wenn es nicht ausbalanciert ist. Hier steht, warum!

Sagen wir, dein Flugzeug besteht nur aus einem Flügel. Sein Schwerpunkt, an dem es ausbalanciert ist, liegt dann etwa in der Mitte des Flügels. Aber je nach Flügelform liegt der Auftriebspunkt, also der Punkt, an dem der Auftrieb ihn hochzieht, knapp hinter der Vorderkante. Was passiert also? Die Vorderkante bäumt sich auf, und der Flügel trudelt herum. Wenn du vorn etwas Gewicht hinzufügst, sodass Auftriebs- und Schwerpunkt an der gleichen Stelle liegen, wird der Flügel ausbalanciert und fliegt geradeaus!

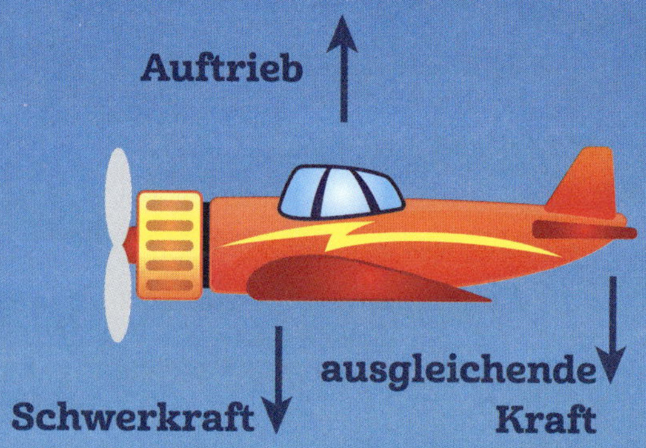

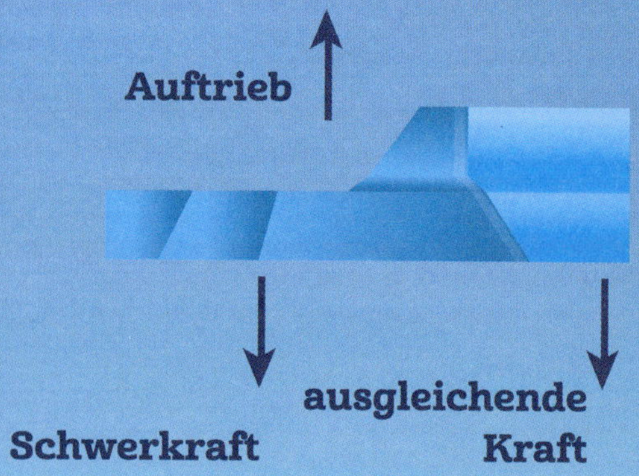

AUSGLEICHSKRAFT

Wenn beide Punkte jedoch genau aufeinanderliegen, würden Windstöße sowie Änderungen von Geschwindigkeit und Anstellwinkel das Flugzeug wieder instabil machen. Bei echten Flugzeugen liegt der Schwerpunkt daher meist etwas vor dem Auftriebspunkt. Das neigt die Nase des Flugzeugs nach unten, weshalb der Heckflügel als horizontaler Stabilisator hinten leicht nach oben gekippt ist, um eine nach unten zeigende Gegenkraft zu erzeugen. Diese drei Kräfte halten das Flugzeug immer im Gleichgewicht. Die meisten Papierflieger haben kein separates Heck, aber der gleiche Effekt entsteht, indem man das hintere Ende des Flügels hochbiegt.

Schon gewusst?

Einige Flugzeuge haben kurze, dicke Flügel (**niedriges Längenverhältnis**), andere lange, dünne (**hohes Längenverhältnis**). Lange, dünne Flügel erzeugen an gleicher Stelle weniger Widerstand, sind aber schwerer, weil sie stärker sein müssen. Die Flügel von Papierfliegern sind meist kurz, damit sie sich beim Werfen nicht biegen. Aber sie fliegen prima!

niedriges Verhältnis

hohes Verhältnis

... und Stabilität

Bei Papierfliegern müssen nicht nur die Flügel gut ausbalanciert sein: Kein kleiner Pilot, keine Fernsteuerung kontrolliert das Flugzeug, wenn es deine Hand verlassen hat; es muss also jedes Trudeln, jeden Sturzflug selbst korrigieren. Es muss stabil sein!

Damit das Flugzeug geradeaus fliegt, braucht es für die vertikale Stabilität hinten eine Art Flosse. Das muss kein echtes Ruder sein: Es reicht, die Flügel nach oben zu biegen oder den Rumpf hinten zu einer Art Wetterfahne zu vergrößern. Ist diese groß genug, sorgt sie dafür, dass die Flugzeugnase immer gerade nach vorn zeigt. Ist sie zu klein, wird der Flieger trudeln und abstürzen. Das Nach-oben-Zeigen der Flügel nennt man V-Stellung. Sie hilft, das Flugzeug gerade zu halten: Zieht der Auftrieb im rechten Winkel an jedem Flügel, ist es, als hinge das Flugzeug an zwei oben zusammengebundenen Schnüren. Legt sich das Flugzeug dann schräg, ist der Auftrieb des oberen Flügels stärker als der des unteren. Das begradigt das Flugzeug, bis der Auftrieb wieder gleich ist. Bei Papierfliegern musst du die Flügel so stark nach oben biegen, dass sie auch dann noch in V-Stellung bleiben, wenn du sie losgelassen hast!

Ein einfaches Experiment zum Thema: Du brauchst ein Essstäbchen oder einen Strohhalm, eine Postkarte, Klebstoff und Klebestreifen. Schneide die Karte in fünf gleiche Streifen. Zwei wickelst du als Ballast um die „Nase“ deines Flugzeugs und klebst sie fest. Einer wird noch mal zerschnitten und mit Klebestreifen hinten als Höhenflosse und Seitenruder fixiert. Klebe die letzten zwei Streifen überlappend als Flügel aufeinander. Klebst du diesen genau auf den Schwerpunkt des Flugzeugs, sollte es fliegen. Was passiert, wenn du den Flügel weiter vorn oder hinten anbringst? Oder das Seitenruder entfernst? Bald verstehst du, was das Flugzeug in stabiler Lage hält.

Kräfte im Gleichgewicht

Beim Fliegen wirken vier Kräfte auf Flugzeuge ein. Auftrieb und Widerstand kennen wir nun schon, hier die anderen beiden: Der Auftrieb überwindet die Schwerkraft, also die Kraft, die die Flügel Richtung Boden ziehen will. Und der Vortrieb ist die Kraft, die das Flugzeug gegen den Widerstand in der Luft vorwärts treibt.

Wirfst du einen Papierflieger, sorgt dein Arm für den Vortrieb. Bei echten Flugzeugen machen das Propeller oder Triebwerke. Solange das Flugzeug stromlinienförmig ist, reicht der Widerstand nicht, um es aufzuhalten. Aber er hält es vom Beschleunigen ab, weil er stärker wird, je schneller es fliegt.

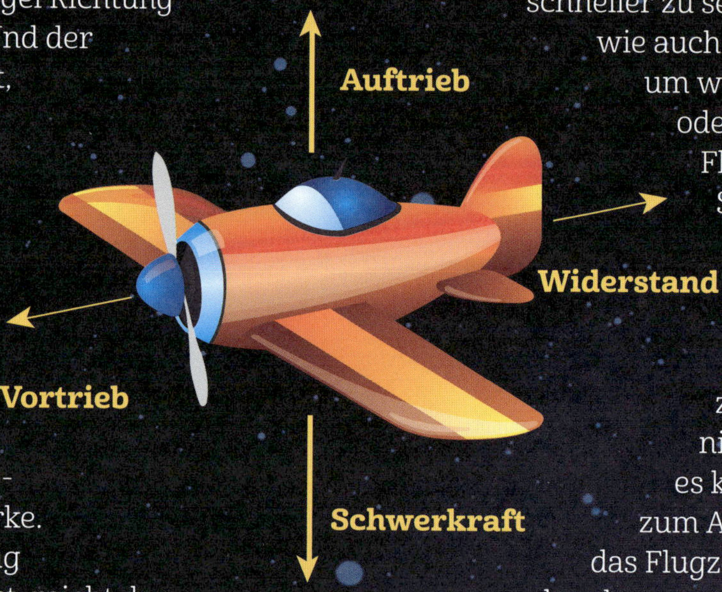

Die Schwerkraft will Flugzeuge nach unten ziehen, egal wie schnell oder schnittig sie sind. Fliegen ist immer ein Kampf gegen die Schwerkraft: Ein größerer Motor, um schneller zu sein, wiegt mehr, wie auch mehr Treibstoff, um weiter zu fliegen, oder ein größeres Flugzeug für mehr Stauraum. Und wenn es keine Schwerkraft gäbe? Dann würde das Flugzeug trotzdem nicht fliegen, weil es keine Gegenkraft zum Auftrieb gäbe und das Flugzeug nach oben schweben statt geradeaus fliegen würde. Und ohne einen Schwerpunkt könnte man das Flugzeug nicht lenken. Schwerkraft wird also für die Balance gebraucht!

Schon gewusst?

Mehrere Astronauten haben im All Papierflieger geworfen: Mamoru Mohri tat es im Space Shuttle für eine Fernsehshow, Koichi Wakata auf der Internationalen Raumstation (ISS) und Brian Binnie in der Kabine des SpaceShip One, während es schwerelos war. Aber weißt du was? Keiner der Flieger ist geflogen. Alle drei bewiesen, dass Auftrieb und Vortrieb alleine nicht reichen, um zu fliegen!

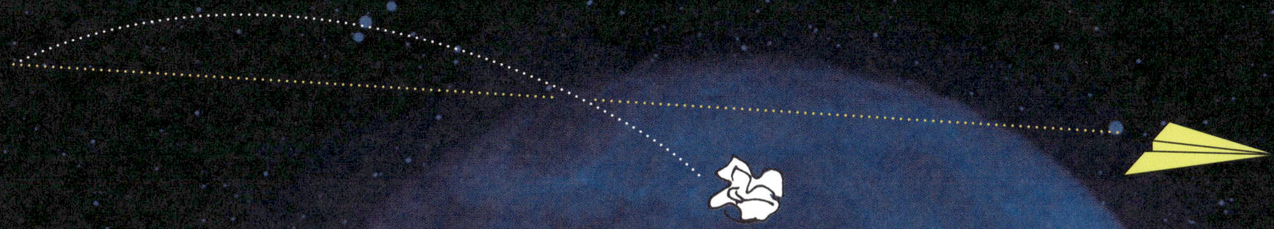

Moment mal! Was hält einen Papierflieger in der Luft? Zerknüllst du Papier und wirfst den Papierball, beschreibt er eine Kurve Richtung Boden. Aber ein Papierflieger fliegt weiter, mehr oder weniger geradeaus; er fällt nicht runter und wird auch nicht langsamer. So weit du den Papierball auch werfen kannst: Ein Papierflieger fliegt weiter. Wie kommt das?

Beim schnellen, geraden Flug sind Auftrieb und Schwerkraft ausbalanciert; das Flugzeug fliegt so lange geradeaus, bis der Widerstand es ausbremst.

Im Steigflug zieht der Auftrieb nicht nur nach oben, sondern auch nach hinten – das Flugzeug wird langsamer.

Im Sinkflug zieht der Auftrieb nicht nur nach oben, sonden auch nach vorn – dieser Vortrieb reicht gerade, um den Widerstand auszugleichen.

Es liegt daran, dass Auftrieb anders funktioniert als Schwerkraft: Schwerkraft zieht alles gerade nach unten Richtung Erdmitte; Auftrieb zieht alles senkrecht zum Luftstrom nach oben. Wirfst du deinen Flieger, fliegt er zunächst mit Schwung geradeaus oder aufwärts, schnell genug, um der Luft frontal zu begegnen. Dann wird er durch den Widerstand verlangsamt und stabilisiert sich in einem Gleitflug. Der Gleitweg ist eine lange, geneigte Linie, die erst in mehreren Metern Entfernung auf den Boden trifft. Es sieht aus, als flöge das Flugzeug immer noch gerade, aber tatsächlich sinkt es an der geneigten Linie hinab; die Luft trifft es von vorn unten.

Weil der Auftrieb senkrecht zum Luftstrom steht, lehnt sich das Flugzeug leicht nach unten. Der Auftrieb hält das Flugzeug also einerseits gegen die Schwerkraft oben, andererseits zieht er das Flugzeug wie ein Vortrieb vorwärts. Solange der Vortrieb den Widerstand ausbalanciert, bleibt die Geschwindigkeit gleich und das Flugzeug gleitet gleichmäßig weiter, bis es landet.

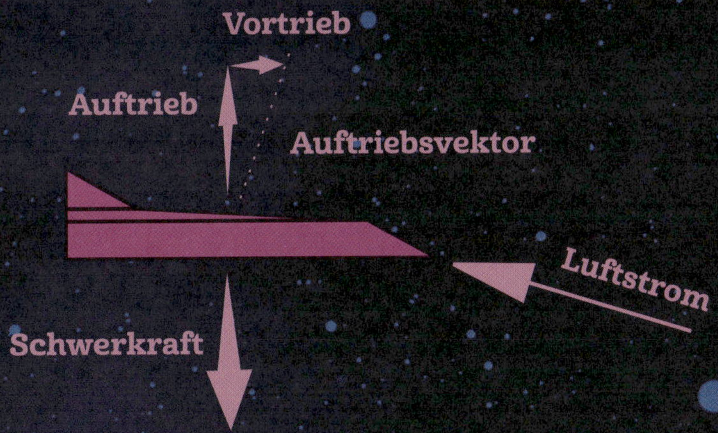

Das Flugzeug steuern

Die Gebrüder Wright werden gefeiert als erste Menschen, die erfolgreich mit einem Fluggerät flogen, das schwerer als Luft war. Doch ihr größter Beitrag, den sie auch patentierten, war ihr Steuersystem. Ohne die Möglichkeit, während des Fluges zu steuern, wären Flugzeuge praktisch nutzlos. So läuft es bei echten Flugzeugen:

Das Seitenruder steuert die Flugrichtung. Es kann nach rechts oder links bewegt werden, um das Heck in die entgegengesetzte Richtung zu zwingen. Wird das Ruder (oder eine andere Steuerfläche) bewegt, dreht sich das Flugzeug in einer bestimmten Achse um seinen Schwerpunkt herum. Diese Seitenbewegung heißt Gieren.

Die klappbaren Teile hinten an den horizontalen Flossen heißen Höhenruder. Mit ihnen steuert man, ob das Flugzeug sich nach oben oder unten neigt. Sie bewegen sich gleichzeitig (bei einigen Jets auch unabhängig voneinander, um auch als Querruder zu fungieren). Klappt man sie hinunter, erzeugen sie am Heck mehr Auftrieb, was die Flugzeugnase nach unten drückt. Stellt man sie hoch, geht das Heck nach unten und die Nase nach oben – das Flugzeug steigt. Diese Bewegung heißt Nicken.

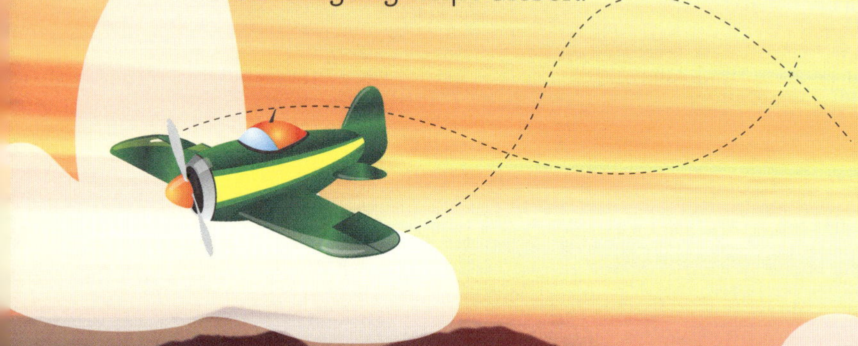

Außer den hinteren Rudern gibt es noch Querruder – Klappen an den Flügelenden. Sie sorgen für die Schräglage des Flugzeuges in einer Kurve und bewegen sich entgegengesetzt: eine hoch, eine runter. Die nach unten zeigende erzeugt an diesem Flügel mehr Auftrieb und neigt ihn nach oben; die hochstehende drückt „ihren" Flügel nach unten. Diese Schrägstell-Bewegung heißt Rollen.

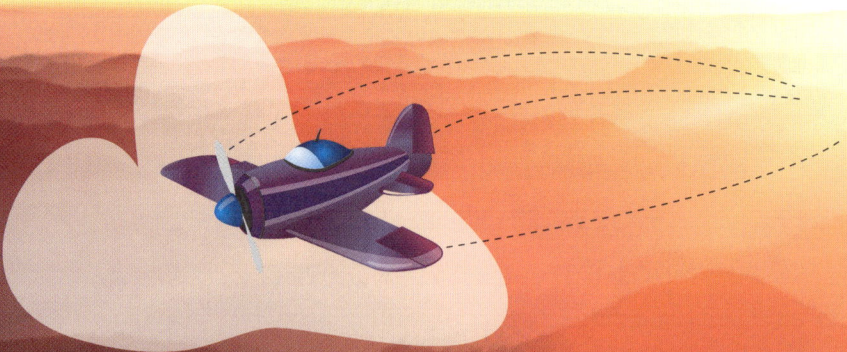

All diese Steuerflächen kann man gleichzeitig bedienen und so präzise Steuervorgänge ausführen. So erzeugen Quer- und Seitenruder zusammen eine schöne Kurve in Schräglage. Kommt aber kein hochgestelltes Höhenruder hinzu, sinkt die Maschine dabei.

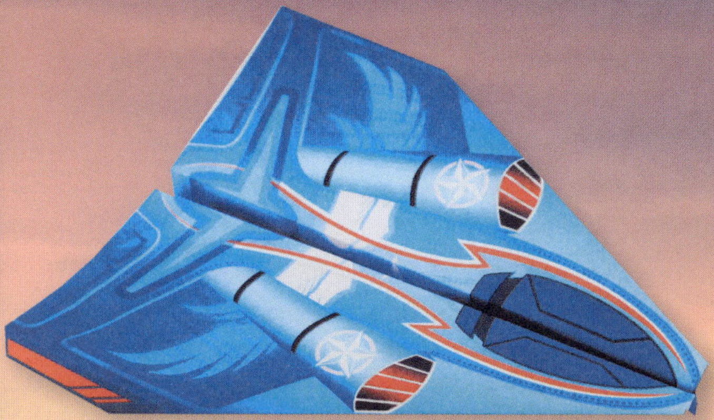

Flugzeuge aus Papier haben oft keine separaten Leitwerke wie echte Flugzeuge, also keine Seiten- oder Querruder. Du musst deinen Flieger ausschließlich mit den hinteren Enden der Flügel steuern. Das ist aber kein großes Problem. Biege beide Seiten hoch oder runter, um das Nicken zu steuern, und eine Seite stärker als die andere zum Steuern des Rollens und Gierens. Es ist einfach, wenn du weißt, wie es funktioniert!

Schon gewusst?

An einem ruhigen Tag mit thermischen Aufwinden kann es sein, dass dein Flieger eine Minute oder länger fliegt oder sogar außer Sicht gerät. Thermik, das sind große Pakete aufsteigender warmer Luft, die sich über offener Landschaft bilden. Wenn dein Flieger in so einem Paket kreist, das schneller aufsteigt, als der Flieger sinkt, steigt er mit der Luft nach oben wie ein Adler oder ein Segelflugzeug.

Mein Einstieg … vielleicht auch deiner!

Wer in meiner Familie etwas haben wollte, musste es selber machen. Vermutlich konnten wir uns Vieles nicht leisten, aber das war gar nicht der Punkt: Das Basteln machte einfach mehr Spaß, und die Klamotten, Möbel und Spielsachen, die wir selber machten, schienen besser – waren besser! – als alles aus dem Laden.

Eine meiner frühesten Erinnerungen ist das Basteln von Papierfliegern. Ich wachte immer vor allen anderen auf und hatte daher viel Zeit, allein zu spielen. Aus einem Stapel Schmierpapier faltete ich Flieger um Flieger, ließ sie fliegen und verwahrte die besten in einer Schachtel. Ich weiß noch, dass ich ein Tintenfischflugzeug erfand. Irgendwann hat jemand die Schachtel entsorgt, und ich frage mich immer noch, welche Schätze da verloren gegangen sind.

Ich mochte Papier als Material, denn davon lag genug herum, und ich brauchte keine aufwändigen Werkzeuge, nur Schere und Klebstoff. Ich baute auch Modelle von Häusern, Autos und Schiffen, aber Flieger mochte ich am liebsten. Denn die sind nicht nur Modelle, sondern richtige Flugzeuge! Ich lieh alle Papierfliegerbücher aus der Bücherei aus – auch die beiden oben – und bastelte jeden einzelnen Flieger daraus.

In der Nähe unseres Hauses in Toronto veranstaltete das Ontario Science Centre, ein gutes Wissenschaftsmuseum, oft Papierflieger-Wettbewerbe. Ich stellte fest, dass ich dort mit guten Entwürfen und sorgfältigem Justieren meist gewann. Anders als im Sport konnte ich hier wirklich glänzen!

Im Sommer 1974 veranstaltete das Ontario Science Centre die Handarbeitsausstellung „In Praise of Hands" („Lob der Hände"). Eine Woche lang saß ich am Stand für handgemachtes Spielzeug und zeigte den Besuchern, wie man tolle Papierflieger faltet. All diese Wettbewerbe hatten sich gelohnt!

Bei Papierfliegern dreht sich alles darum, zu experimentieren und Spaß zu haben. Ob ein Entwurf fliegt, weißt du immer erst, wenn du es ausprobierst! Aber weil du ja mit Papier arbeitest, kannst du in ein paar Minuten oder Stunden ganz einfach alle möglichen Formen falten und sofort austesten. Fliegt ein Flieger nicht, nimmst du einfach ein neues Blatt Papier und versuchst, ihn zu verbessern. Fliegt er gut, fühlst du dich auch gut! Was könnte schöner sein?

Diese beiden Bücher haben mein Leben verändert: „Jet-Age Jamboree" von Yasuaki Ninomiya fand ich in der Bibliothek. Ich war so begeistert, dass ich mir Schere und Klebstoff bei der Bibliothekarin lieh und den ersten Flieger gleich dort bastelte. Später schickte ich dem Autor einen Brief und einige Entwürfe, und er schickte mir eins seiner japanischen Bücher. Japanisch konnte ich nicht lesen, aber ich versuchte es mit einem Wörterbuch. Heute lebe ich in Japan!

Alle möglichen Papierflieger

Denkst du an Papierflieger, fallen dir wahrscheinlich als Erstes die ganz einfach gefalteten ein. Und die, die du mit deinen Freunden faltest, sind vermutlich die vorne spitzen Flieger, die wie Pfeile aussehen. Aber es gibt noch viele andere Arten Papierflieger – so viele, dass sie kaum etwas gemeinsam haben. Außer natürlich, dass sie fliegen und aus Papier gemacht wurden! Auf den nächsten Seiten sind ein paar schöne Beispiele abgebildet.

Das Tolle an Faltfliegern ist, dass du sie in ein, zwei Minuten basteln kannst – nur mit einem Blatt Papier und deinen Fingern. Oben rechts siehst du den „Orbit" aus meinem Bastelset *Simple Origami Airplanes*. Er besteht aus einem 12,5 x 12,5 m großen Papierquadrat und fliegt 12 Sekunden lang.

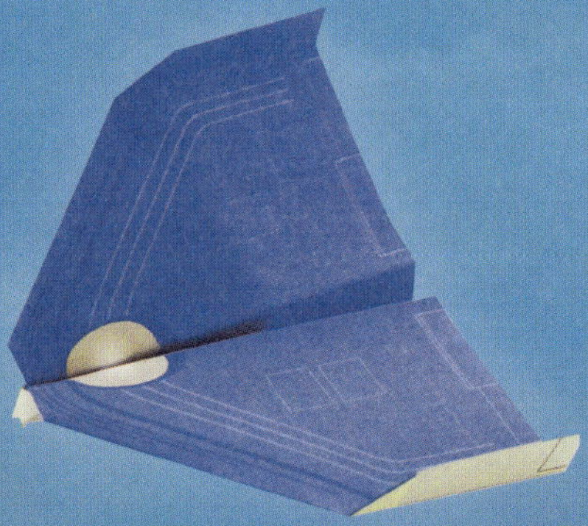

Nimm etwas Klebeband dazu, und es gibt schlagartig noch viel mehr Möglichkeiten! Unten das „Space Shuttle", auch aus dem Set *Simple Origami Airplanes*.

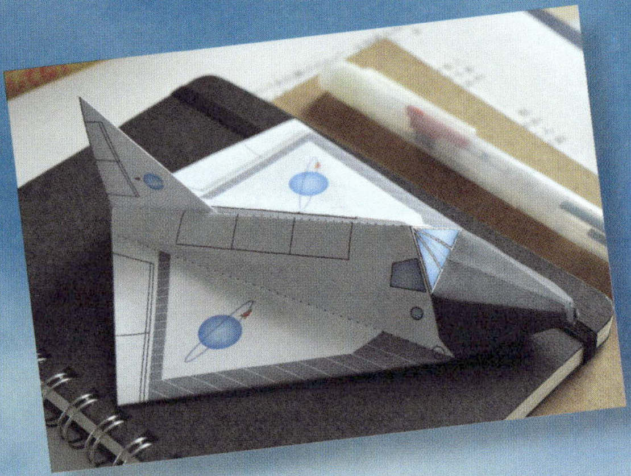

Mit Schere und Klebstoff

Nimmst du die Schere hinzu, erweitern sich die Möglichkeiten erneut: Du kannst Flügel und Heck in interessante Formen schneiden, wie beim „Fuji-Flieger", der von Kazumichi Mochizuki stammt. Die Teile werden gefaltet und zusammengeheftet.

Rückenwind

Fuji-Flieger

Das Flugzeug unten wurde aus einer (bedruckten) Postkarte gefaltet. In diesem Fall wurde das Papier zusammengeklebt. Ein sehr, sehr einfacher Flieger, aber er kann sehr, sehr weit fliegen!

Je mehr Flieger einem echten Flugzeug ähneln, desto besser fliegen sie. Unten siehst du den „Fischadler", oben rechts „Rückenwind" aus meinem Bastelset *One Minute Paper Airplanes.* Sie bestehen bloß aus festem Papier, ausgeschnitten und zusammengeheftet, können aber richtig weit fliegen!

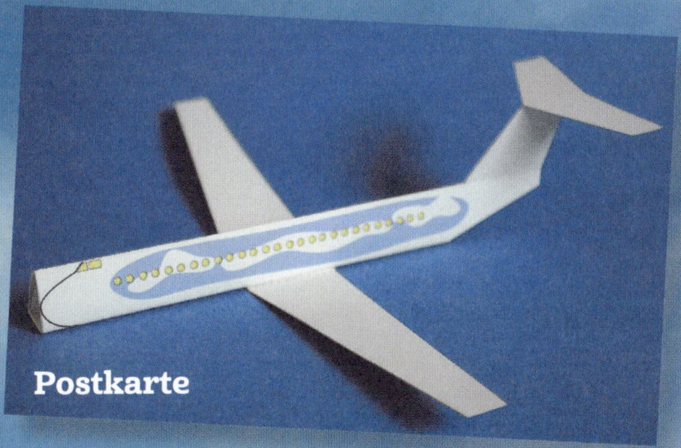

Postkarte

Fischadler

Realistische Flugzeuge

Mit etwas mehr Zeit und Aufwand kannst du Flieger basteln, die wie echte Flugzeuge aussehen und auch so fliegen!

Der Japaner Yasuaki Ninomiya erfand Profilmodellflugzeuge, bei denen der Rumpf aus mehreren verklebten Papierlagen besteht. Man schießt sie mit einer Gummischleuder in die Luft; sie können eine Minute oder länger fliegen. Das Turnierflugzeug unten links ist so eines.

Anstelle eines mehrschichtigen Rumpfes versuchte ich, einen noch realistischeren 3D-Rumpf zu bauen. Zuerst produzierte ich viel Schrott, aber dann sahen meine Flugzeuge langsam besser aus und flogen auch besser. Unten sind zwei Beispiele, die beide gut fliegen: in der Mitte der „Sidewinder", der hoch und lange fliegen kann, und rechts die maßstabsgetreue Grumman Corsair, die im Flug fast wie die echte aussieht – beide aus meinem Bastelset *High Performance Paper Airplanes*.

Ninomiya-Stil

Sidewinder

Grumman Corsair

Trau dich – denk verrückt!

Fast alles ist möglich! Du kannst alle möglichen Arten sehr merkwürdiger Papierflieger bauen, solange sie Flügel haben und ausbalanciert sind. Das Einzige, was dich zurückhalten könnte, ist deine Fantasie!

Unten siehst du ein Jumbo-Flugzeug aus Pappe und Papiertaschentüchern. Die Flügelspannweite beträgt 2,50 Meter! Entworfen und gebaut wurde es von einigen Technikstudenten unter der Leitung von Takumi Tomita. Es flog einmal quer durch die Turnhalle! Und ich habe sogar noch größere Jumbo-Papierflieger gesehen, einige so groß wie eine echte Cessna!

Ein fliegender Weihnachtsbaum, ein fliegendes Krokodil, ein fliegender Fisch … wenn du es dir ausdenken kannst, kannst du es auch bauen und fliegen lassen!

Jumbo-Flugzeug

Fliegender Fisch

Fliegendes Krokodil

Fliegender Weihnachtsbaum

Falttechniken

All diese Flieger sind einfach zu falten, wenn du verstanden hast, wie die Anleitungen zu lesen sind. Ich habe dafür Symbole benutzt, die man auch aus Origami-Büchern kennt, und noch ein oder zwei eigene.

Es gibt nur zwei Arten, Papier zu falten: die Berg- und die Talfalte. Bei der Talfalte faltest du das Papier zu dir hin, bei der Bergfalte von dir weg. Die meisten Faltungen in diesem Buch sind Talfalten.

Dies ist eine Talfalte; sie sieht ein bisschen wie ein Tal aus.

Und das ist eine Bergfalte.

Um es dir noch einfacher zu machen, ist das Origami-Papier in diesem Buch bereits auf Vorder- und Rückseite mit den Faltlinien bedruckt, sodass jede Faltung zur Talfalte wird. Folge einfach den Zahlen. Solltest du dennoch einmal Schwierigkeiten haben, bitte einen Erwachsenen um Hilfe.

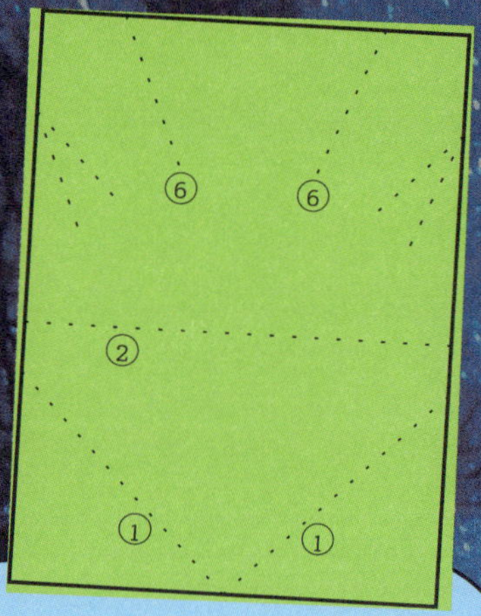

Was die Pfeile bedeuten:

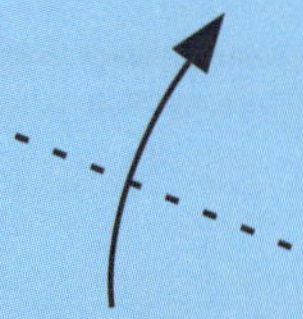

In diese Richtung falten.

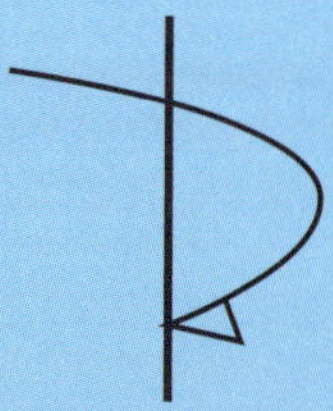

Hinten herum falten.

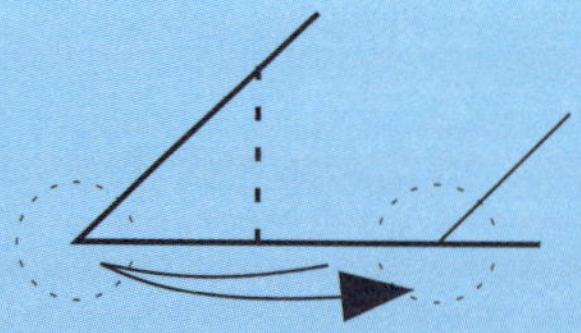

Die Kreismittelpunkte zeigen, welche Stellen beim Falten zusammengebracht werden sollen.

Falten und dann wieder öffnen.

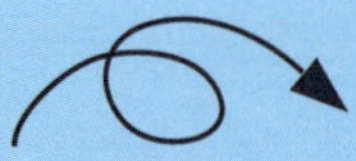

Den ganzen Flieger einmal wenden.

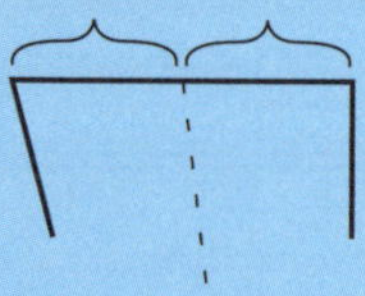

Geschweifte Klammern zeigen Stellen mit gleicher Breite, wie sie z.B. entstehen, wenn du etwas auf die Hälfte faltest.

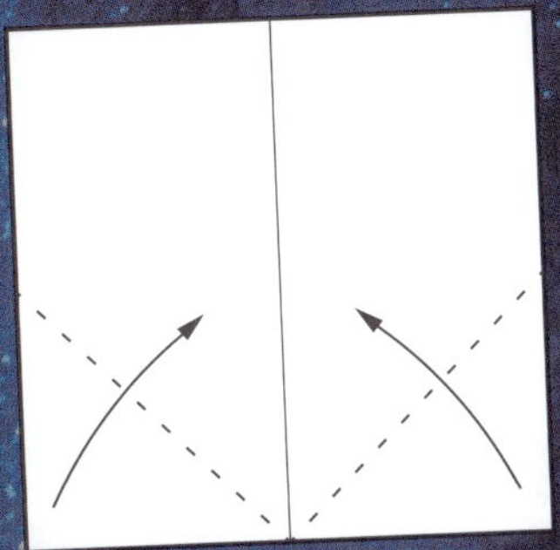

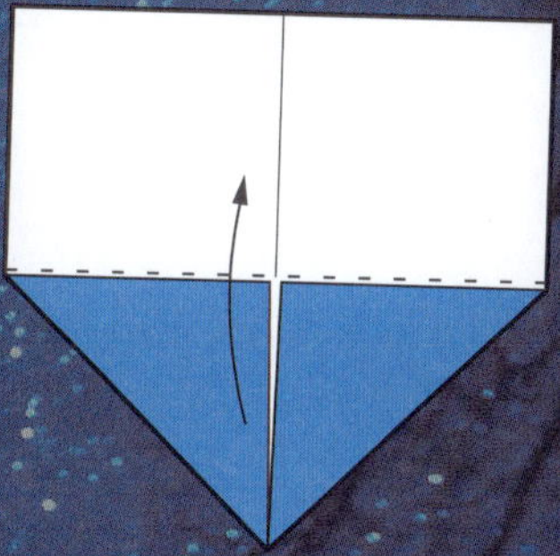

Bei den meisten Fliegern liegt das Papier zu Beginn mit der Vorderseite nach unten. Auf den Zeichnungen ist die Vorderseite immer dunkel, die Rückseite hell eingefärbt.
Falten geht viel einfacher, wenn du die freien Kanten oder Ecken von dir wegfaltest. Du kannst auch mit dem Fingernagel erst leicht an der Linie entlangfahren, um sie zu markieren. Prüfe noch einmal, ob alles stimmt, und knicke das Papier erst dann.
Streiche mit dem Finger von der Mitte aus nach links fest über deine Faltung, dann nach rechts. Halte das Papier gut fest, damit die Ecken sich nicht bewegen!
Glätte zum Schluss die Faltung mit deinem Daumennagel oder z.B. einer Stiftkappe.

Um wirklich gut zu fliegen, brauchen die meisten Flieger eine Feinjustierung; sie stürzen ab, wenn du die hinteren Flügelkanten nicht leicht hochbiegst. Das hält, wie wir gesehen haben, die Nase oben und lässt den Flieger schweben. Aber biege nicht zu stark, sonst reißt der Flug abrupt ab. Justiere so lange, bis der Flieger genau richtig fliegt.

Falte von dir weg

Streiche von der Mitte aus glatt

Schärfe die Faltung

Biege die Flügel hoch

Ein Wort zum Papier

Welches ist das beste Papier für Papierflieger? Fast alles geht, aber am besten ist ein leichtes und doch festes Papier. Zeitungspapier ist zu labbrig und in Zeitschriftenpapier halten die Faltungen nicht: Sobald du loslässt, entfaltet sich dein Papierflieger wieder! Spezielles Origami-Papier *(kami)* wäre am besten, ist aber schwer zu finden und zudem meist quadratisch. Bleibt noch das normale weiße Druckerpapier. Es ist ein bisschen dick, aber steif genug, behält die Faltungen und ist rechteckig. Und du bekommst es überall! Nicht perfekt, aber nah dran!

Hier ein kleines Geheimnis über die Flieger in diesem Buch: Sie wurden alle aus Papierbögen mit etwas ungewöhnlichen Maßen gefaltet. Wenn du das nachmachen willst, müsstest du einen gewöhnlichen DIN-A-4-Bogen an einer Seite etwas beschneiden, siehe unten. Aber mit einem unbeschnittenen DIN-A-4-Bogen geht es auch. Doch denk dran: Es ist ein Geheimnis!

Du kannst alle Flieger in diesem Buch auch mit einem Blatt Papier ohne eingezeichnete Faltlinien basteln. Dazu gibt es bei einigen Modellen bei Schritt 1 Hilfe in Form von roten Pfeilen und rot gestrichelten Linien. Wenn du das Papier wie gezeigt leicht faltest und entlang den roten Linien kleine Markierungen mit dem Fingernagel machst, erhältst du schließlich die Stelle, die der Linie 1 auf den Faltpapieren entspricht, also die Linie, an der zuerst gefaltet werden muss.

Schneide an einer kurzen Seite 12 mm ab.

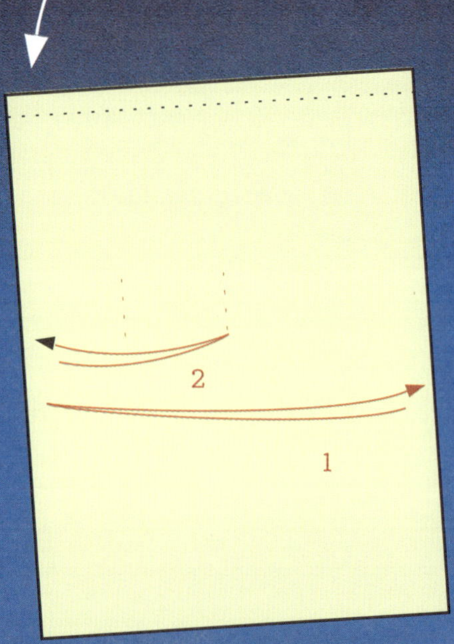

SCHNEIDEN

Ist es OK, das Papier zu beschneiden? Origami-Leute sagen dazu meist streng Nein. Gefaltete Flieger bestehen normalerweise aus einem Bogen nicht beschnittenen Papiers. Wenn daraus schon ein guter Flieger entsteht - super! Aber wenn du ein bisschen experimentierst, warum nicht auch mal schneiden? Schau einfach, was passiert. Dein Flugzeug wird toll werden!

KLEBEN

Was ist mit Klebeband, Klebstoff und Heftklammern? Die meisten Leute würden auch dazu Nein sagen. Aber bei Fliegern für das Guinness-Buch der Rekorde ist Klebeband erlaubt – also auch hier! Klebstoff und Klammern sind gegen die „Regeln“, aber für deine eigenen Flieger kannst du sie natürlich benutzen!

WOW!

Wenn du also Klebeband benutzt: Ein kleines Bisschen, um Flügel oder Heck an Ort und Stelle zu halten, reicht schon. Du wirst sehen, welchen Unterschied so ein kleines Ding ausmacht! Wenn du den Flieger wie oben zusammenklebst, wird er schneller und weiter fliegen, aber die Balance ist dann anders, sodass du die Flügel hinten vielleicht noch weiter hochbiegen musst, um einen Absturz zu verhindern.

Testflüge

Dein Flieger fliegt erst dann gut, wenn er von vorn gesehen geradlinig ist. Halte ihn also etwas von dir weg und prüfe das.

Ist er schief, drehe und biege Flügel und Heck vorsichtig, bis alles flach und gerade ist.

Zum Testen wirfst du den Flieger kräftig nach vorn und beobachtest seinen Flug: Bleibt er plötzlich stehen und stürzt ab? Fliegt er direkt Richtung Boden? Oder eine Kurve? Dann bearbeite ihn, wie gegenüber gezeigt, und teste ihn nochmals.

Weil die Flieger ja aus Papier sind, verbiegen sie sich bei Abstürzen oder feuchtem Wetter; ab und zu musst du nachjustieren. Wenn sie nicht mehr gut fliegen, prüfe, ob sie gerade sind, teste sie, und schon bald fliegen sie wieder super!

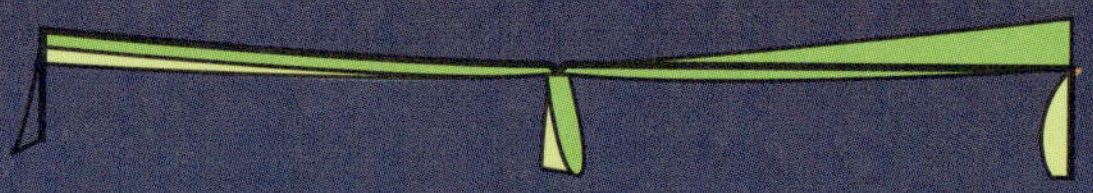

Ist dein Flieger nicht symmetrisch, nimm kleine Veränderungen vor, damit er nicht so aussieht,

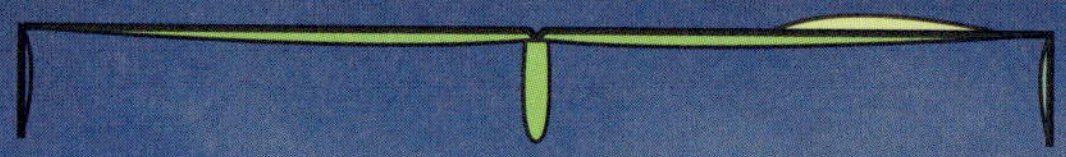

... sondern eher so!

Begradige Flügel und Heck.

Der Flieger sollte flach und gerade aussehen.

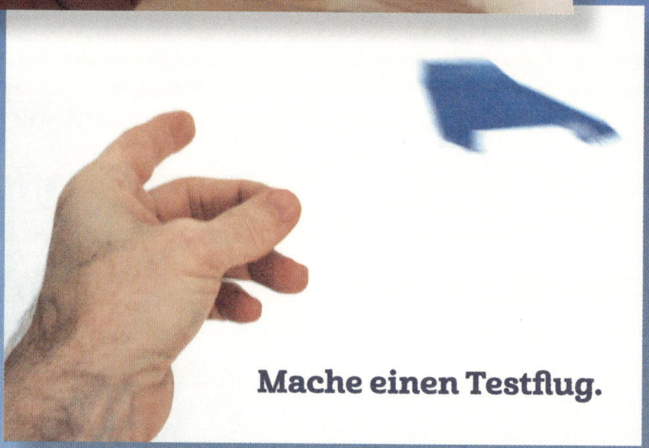

Mache einen Testflug.

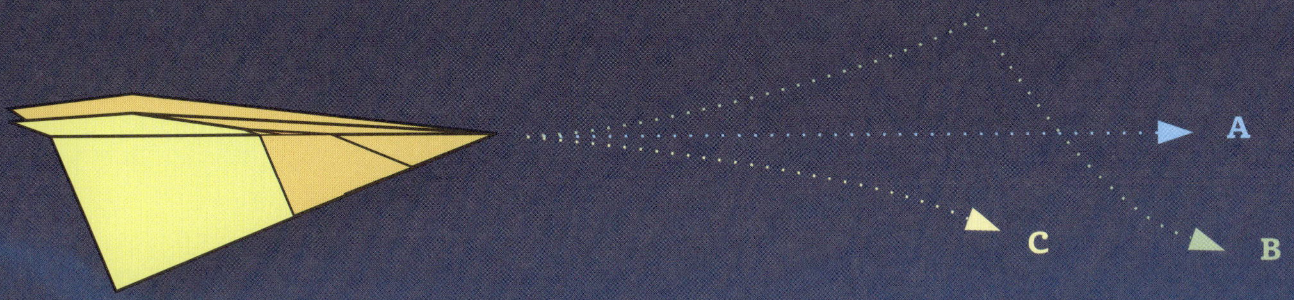

Bleibt dein Flieger stehen und/oder stürzt ab, bearbeite ihn, bis er gerade fliegt (A).

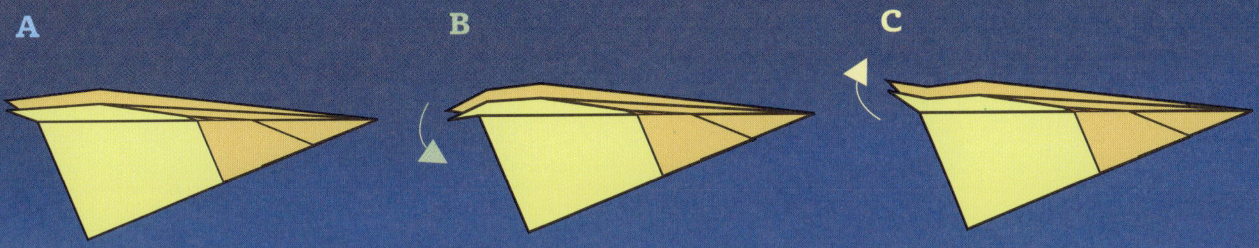

Genau richtig!

Gegen plötzliches Stoppen: Biege die Flügel hinten leicht nach unten.

Gegen einen Sink-/ Sturzflug: Biege die Flügel hinten leicht nach oben.

Hat dein Flieger einen Rechts- oder Linksdrall, bearbeite ihn, bis er geradeaus fliegt wie auf Bild 2.

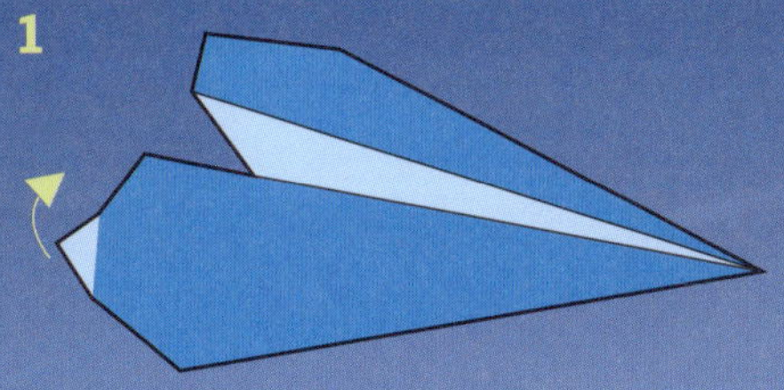

Gegen einen Linksdrall: Biege den rechten Flügel hinten leicht nach oben.

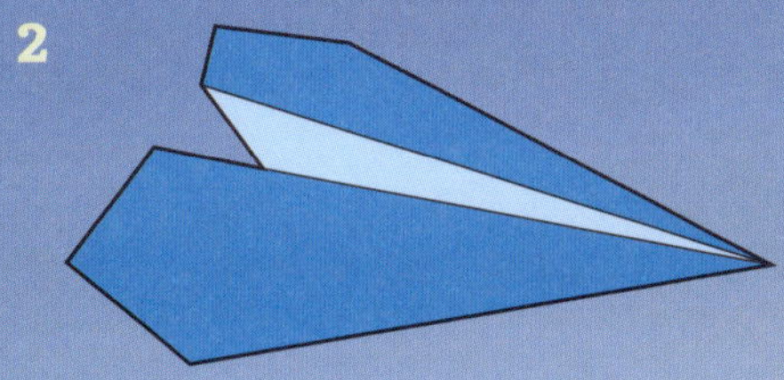

Genau richtig!

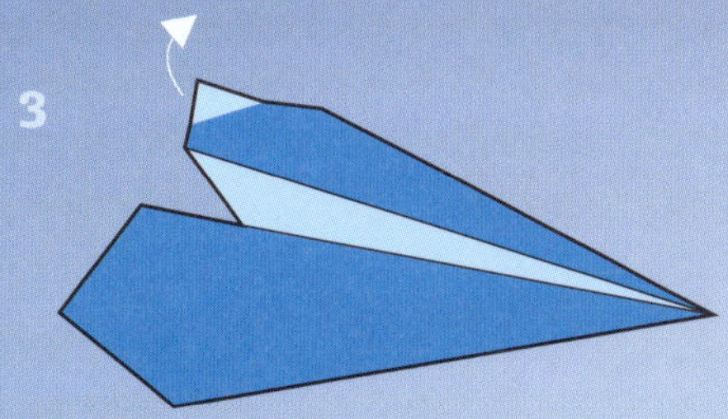

Gegen einen Rechtsdrall: Biege den linken Flügel hinten leicht nach oben.

Höher und weiter

Jeder Flieger fliegt anders: Manche sind schnell, manche langsam; manche muss man kräftig werfen, andere vorsichtig. Aber was gilt für welchen? Faustregel: Wirf breite Flieger sanft, spitze Flieger aber eher schwungvoll!

Der Flying Wing (S. 40) hat keinen Rumpf, den du beim Werfen festhältst, daher musst du ihn, wie unten zu sehen, zwischen Daumen und Zeigefinger halten. Geht er direkt zu Boden? Dann hast du wohl nicht kraftvoll genug geworfen. Fliegt er zur Decke und stürzt dann ab? Dann war es wohl *zu* kraftvoll! Wenn du es richtig machst, schwebt der Flieger durchs ganze Zimmer.

Die meisten anderen Flieger in diesem Buch haben einen Rumpf, den du festhalten kannst. Klemm ihn genau an seinem Schwerpunkt zwischen Daumen und Zeigefinger (wie im unteren Bild) und wirf den Flieger schwungvoll. Wenn genug Platz ist, kannst du etwas kräftiger werfen, aber auf jeden Fall gerade nach vorn. Achte darauf, niemanden zu treffen oder ins Auge zu stechen und nichts kaputtzumachen!

Ohne Rumpf

Mit Rumpf

An ruhigen, trockenen Tagen kannst du deine Flieger mit raus in den Park nehmen. Versuche, sie nach ein paar Testflügen so kräftig und hoch zu werfen, wie du kannst. Wie lange bleiben sie in der Luft?

Stoße den Flieger zunächst gerade nach vorn. Zielst du zu hoch, wird er wahrscheinlich abrupt stoppen und abstürzen. Du möchtest ja, dass er gleitet. Ein Trick ist, den Flieger beim Werfen von dir weg zu neigen. Dann fliegt er einen großen Kreis und bekommt viel Luft, bevor ihm die Puste ausgeht.

Den Flieger beim Werfen zu neigen lässt ihn spiralartig aufsteigen und so länger fliegen.

Testflug

Dann gibt es wiederum einige Flieger, die so angelegt sind, dass du sie schnurstracks nach oben werfen solltest: Fireball (S. 42), Schneller Pfeil (S. 44) und Delta-Jet (S. 48) . Für einen wirklich langen Flug muss dein Flieger hier so hoch hinaus wie nur möglich. Je höher er fliegt, desto länger braucht er für seinen Gleitflug zurück zum Boden!

So starten Weltrekordhalter ihre Flieger: Halte dein Flugzeug zunächst recht tief unten und bring es dann unter Einsatz von Beinen, Rücken und Armen nach oben. Aber nicht zu ruckartig! Ein langer, geschmeidiger Wurf mit Durchschwung hält den Flieger auf Kurs. Du wirst staunen, wie hoch er fliegen kann!

Der Ringgeist (S. 50) unterscheidet sich von den anderen Fliegern darin, dass er sich dreht. Am Anfang ist er etwas schwer zu werfen, aber mit etwas Übung kann er erstaunlich weit fliegen. Halte ihn locker mit der rechten Hand, wie rechts zu sehen. Wirf ihn nach vorn und setze dabei mit einer ruckartigen Abwärtsbewegung der Finger das Drehen in Gang. Je schneller er sich dreht, desto weiter fliegt er!

Bist du mit deinen Fliegern zufrieden? Dann nimm sie mit in den Park oder eine große Turnhalle und schau, wie weit sie fliegen! Das wird wahrscheinlich neugierige Zuschauer anziehen. Biete ihnen die Show ihres Lebens!

Bellybutton

Ein Flieger mit Bauchnabel? Jawohl, dieser hier hat einen! Nach diesem Prinzip lernen die Kinder in Japan, Flieger zu falten. Siehst du das kleine Dreieck, das alles zusammenhält (in Schritt 6)? Das ist der Bauchnabel.

1

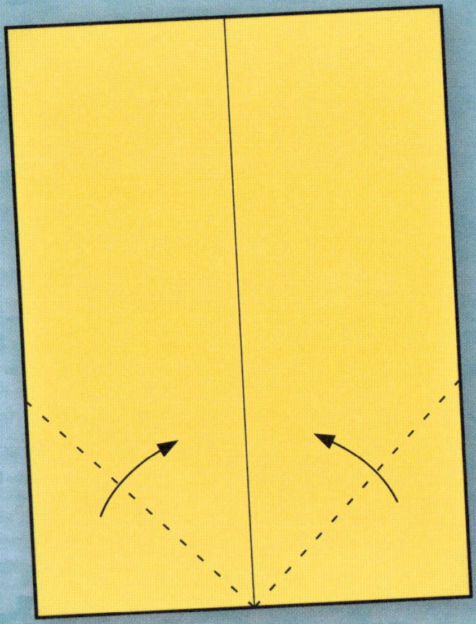

Das Papier liegt mit der Rückseite nach oben. Falte die beiden unteren Ecken an den 1er-Linien nach innen.

2

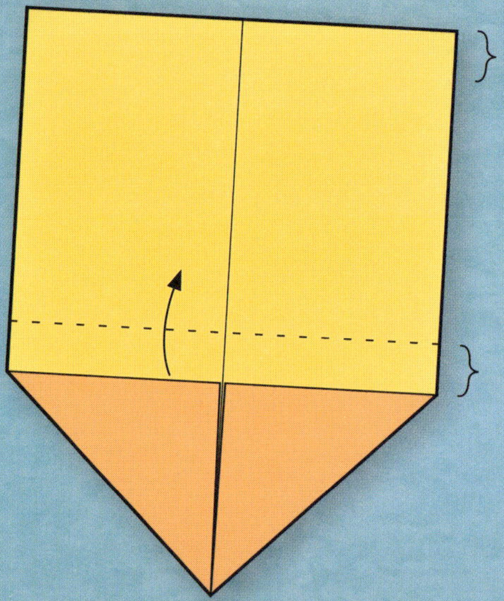

Falte den unteren Teil des Papiers an Linie 2 nach oben. Das über das Dreieck hinausgehende Stück ist oben und unten etwa gleich breit (sieht man auch im nächsten Schritt.)

3

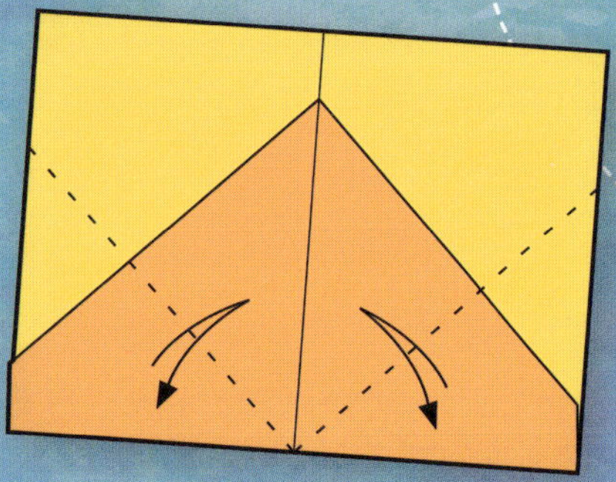

Falte die neuen unteren Ecken an den 3er-Linien und entfalte sie wieder.

4

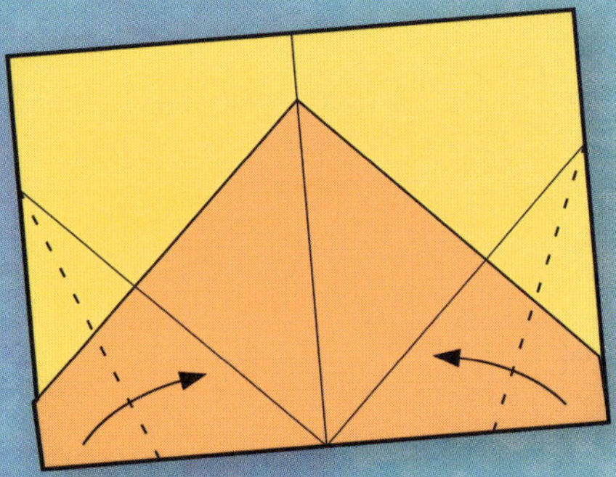

Falte die Ecken an den 4er-Linien so, dass sie die Knicklinien berühren, die du im vorigen Schritt gemacht hast.

5

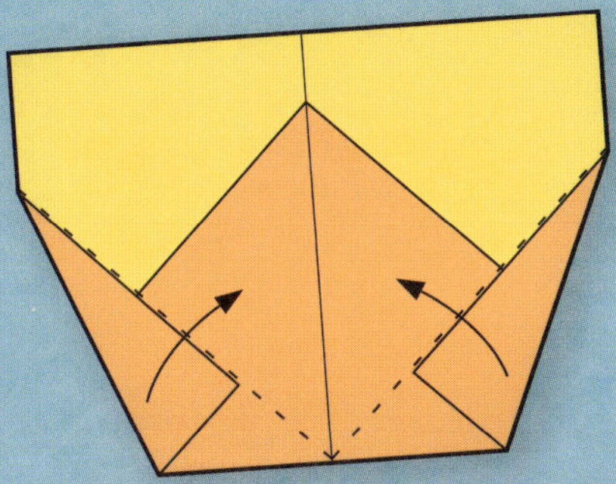

Falte noch einmal an den 3er-Linien.

6

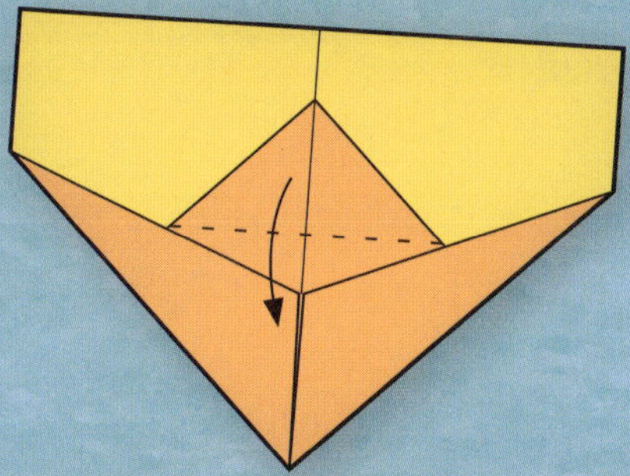

Falte das lose Dreieck an Linie 5 nach unten. Dies ist der „Bauchnabel“, der den Flieger zusammenhält!

7

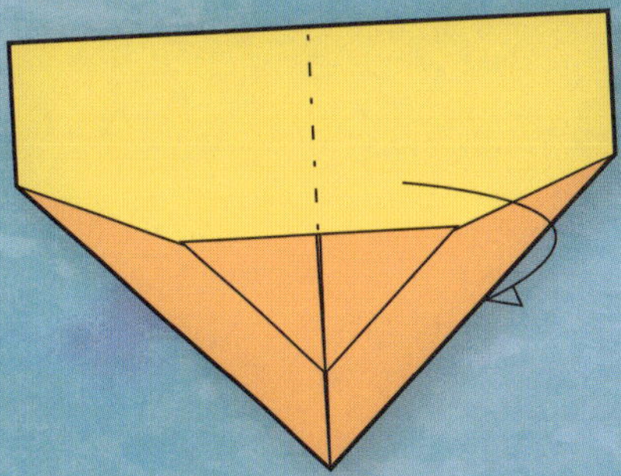

Falte den ganzen Flieger von dir wegzeigend in der Mitte.

8

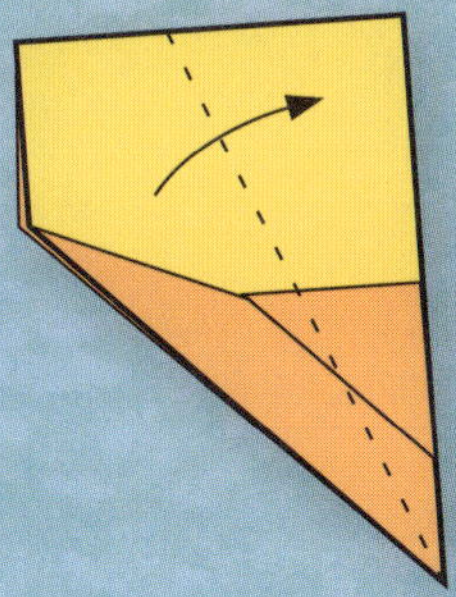

Falte jeden Flügel so an den 6er-Linien nach unten, dass die Außenkante genau auf der gefalteten Mittellinie liegt.

9

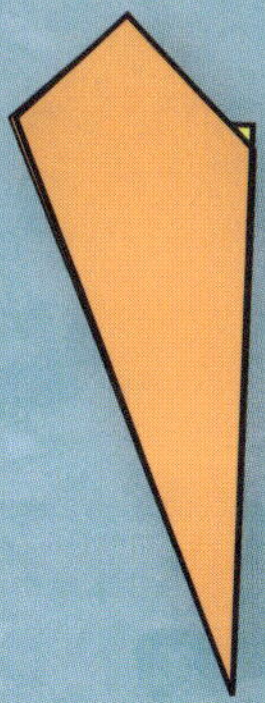

Öffne die Flügel ein wenig, und du bist fertig!

10

Der fertige Bellybutton.

Oktopus

Wusstest du, dass Tintenfische fliegen können? Dieser hier kann es! Er sieht seltsam aus, fliegt aber super. Durch den Raum, durch den Flur – weg ist er!

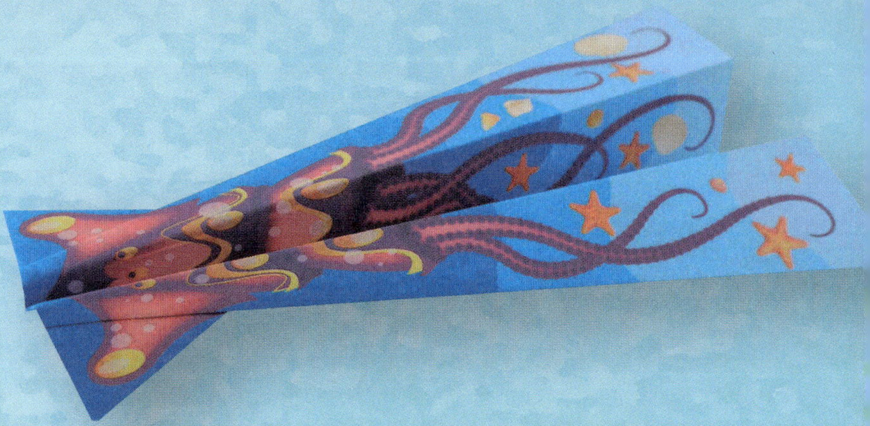

1

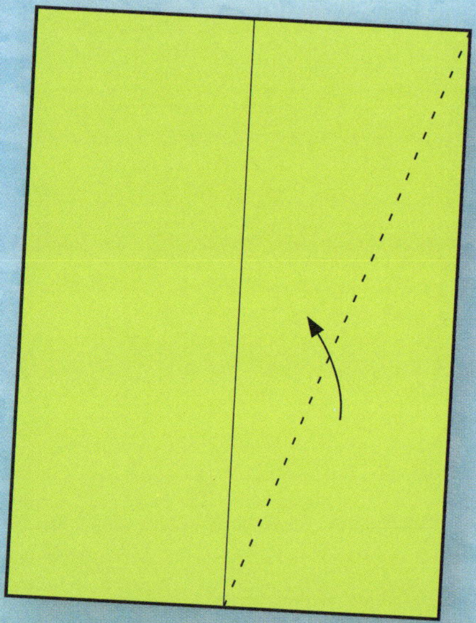

Die Vorderseite zeigt nach unten. Falte eine Ecke entlang der einen Linie 1 von der Mitte aus Richtung obere Ecke.

2

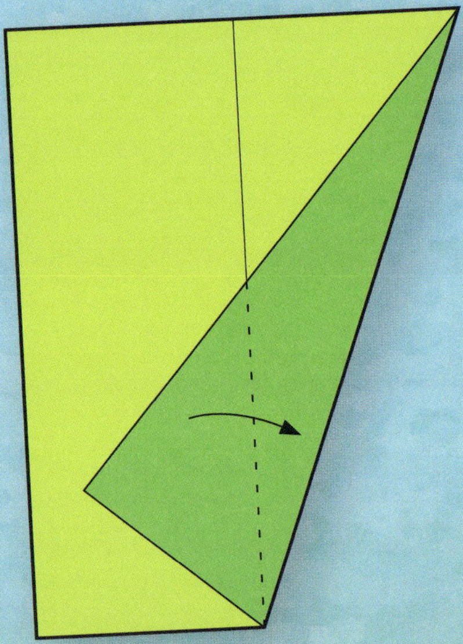

Falte diese Ecke zurück entlang der Mittellinie an Linie 2.

3

Wiederhole diese beiden Schritte mit der anderen Ecke.

4

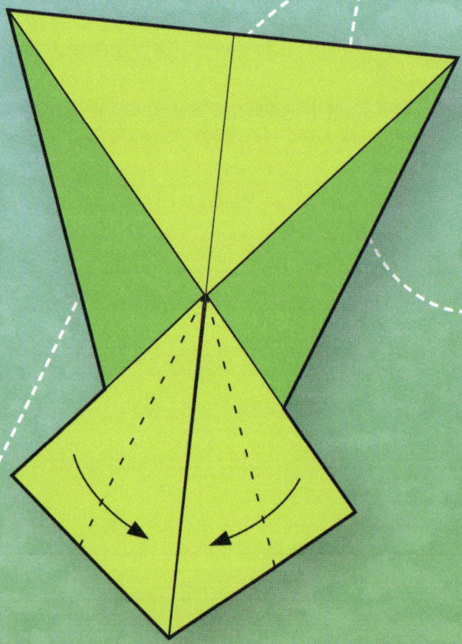

Falte die beiden Ecken an den 3er-Linien nach innen zur Mittellinie.

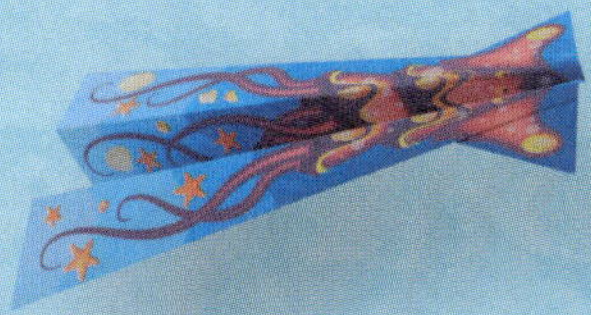

5

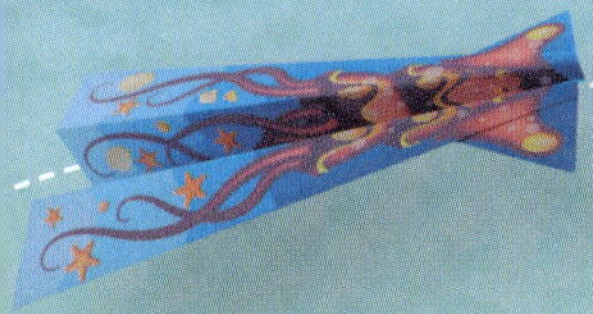

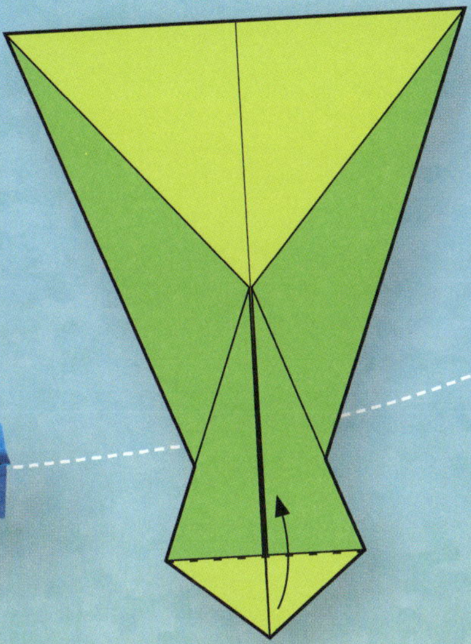

Falte die Nasenspitze an Linie 4 nach oben.

6

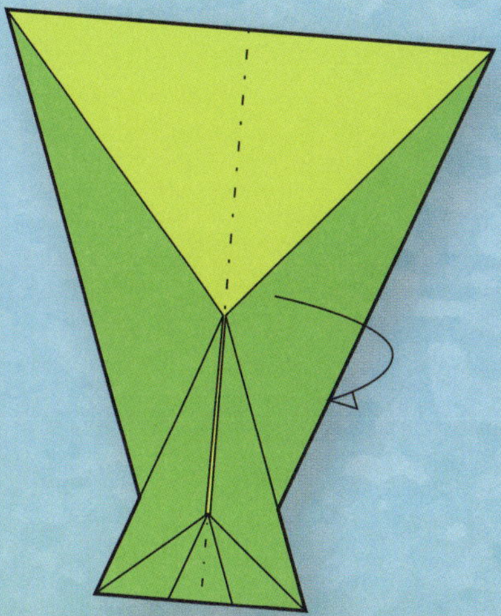

Falte den ganzen Flieger von dir wegzeigend in der Mitte.

7

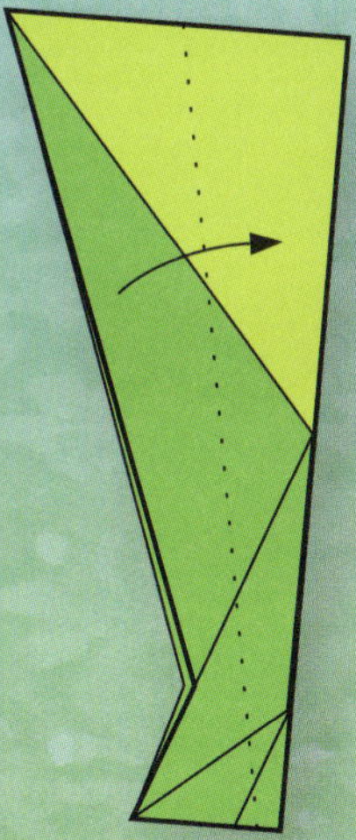

Falte jeden Flügel an den 5er-Linien so nach unten, dass die Außenkante genau auf der gefalteten Mittellinie liegt.

8

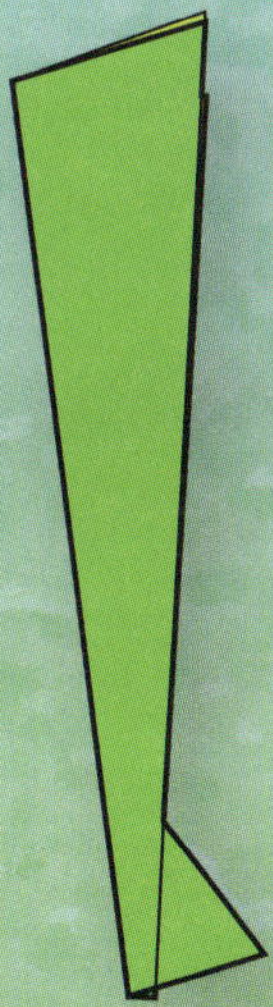

Öffne die Flügel, und du bist fertig!

9

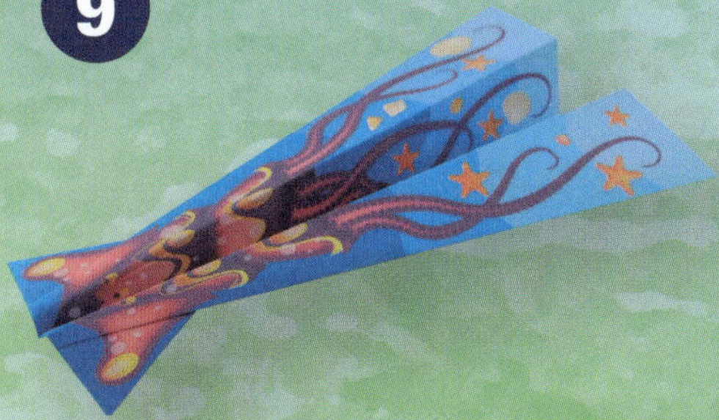

Der fertige Oktopus.

Hammerhead

Was, wenn Haie fliegen könnten? Das ergäbe einen tollen Horrorfilm. Hier ist ein Hammerhai, mit dem die Gruselgeschichte starten kann!

1

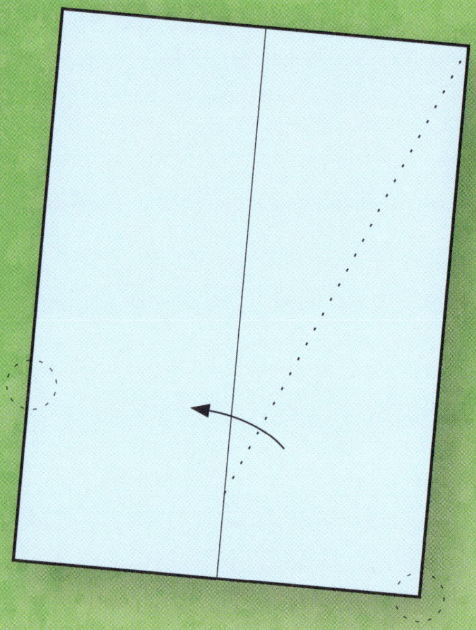

Die Vorderseite des Papiers zeigt nach unten. Falte die untere rechte Ecke rüber zur anderen Kante. Falze entlang der Linie 1 bis zur Mittellinie.

2

Falte die Ecke an der Linie 2 wieder zurück.

3

Wiederhole diese Schritte auf der anderen Seite, mit den Linien 3 und 4. Unten entsteht dann eine Art Tasche.

4

Glätte diese Tasche, indem du an den 5er-Linien entlangfährst.

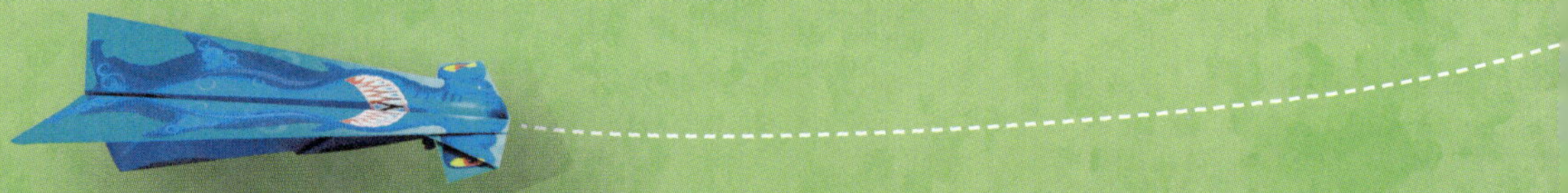

5

Falte die Ecken der vorderen Flügel an den 6er-Linien nach innen zur Mitte.

6

Falte den vorderen Teil an Linie 7 nach oben. Jetzt schließt er unten bündig ab mit der Kante des Papiers darunter.

7

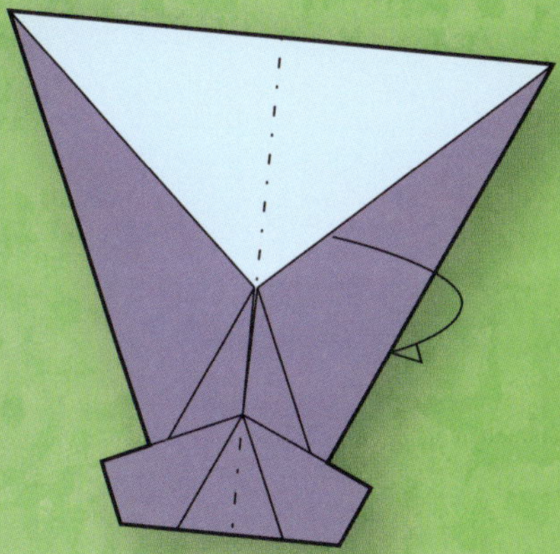

Falte den ganzen Flieger von dir wegzeigend in der Mitte.

8

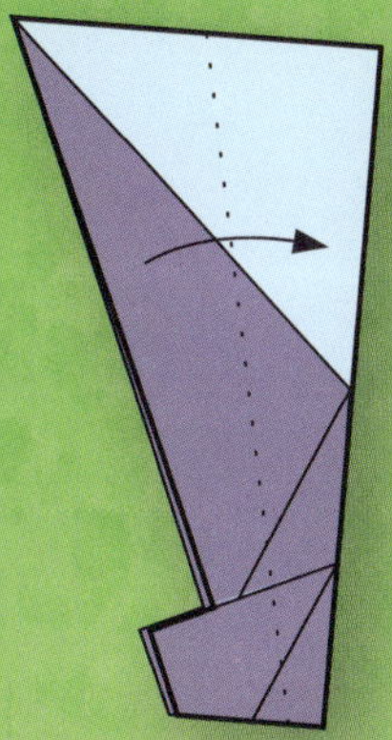

Falte die Flügel an den 8er-Linien so nach unten, dass die Kanten genau auf der gefalteten Mittellinie liegen.

9

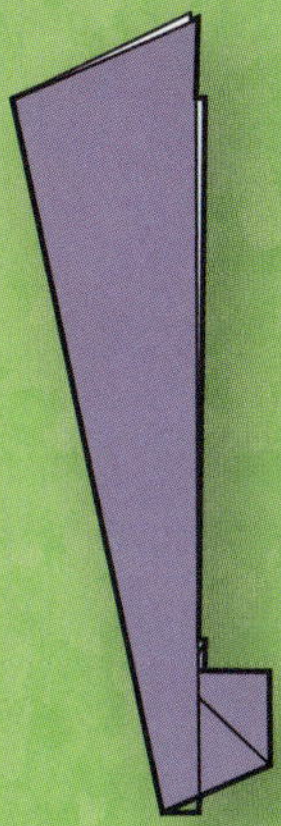

Öffne die Flügel, und du bist fertig!

10

Der fertige Hammerhead.

Flying Wing

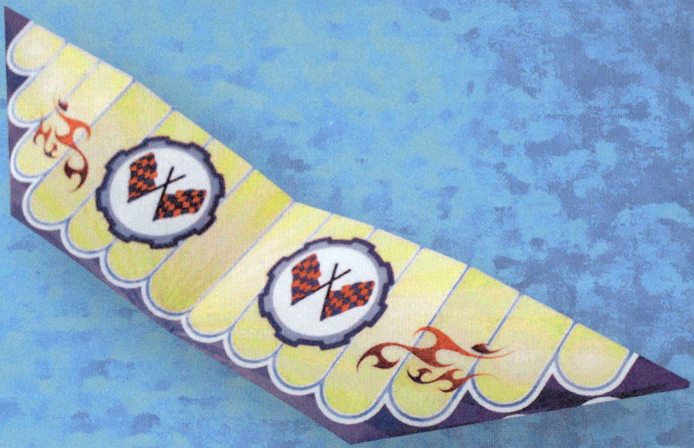

1

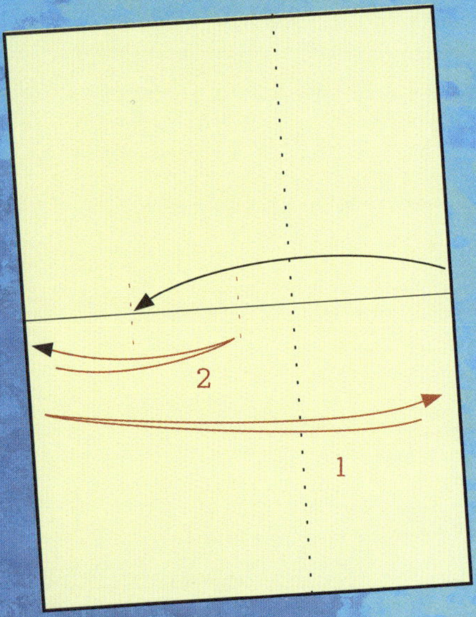

Die Vorderseite des Papiers zeigt nach unten. Falte an der Linie 1. Die roten Pfeile zeigen dir, wie wie man die Stelle auf leerem Papier findet.

2

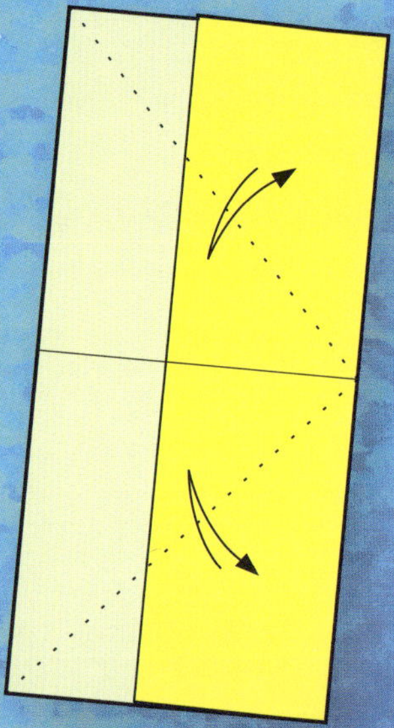

Falte die vorderen Ecken an den 2er-Linien, von den hinteren Ecken bis zur Mittellinie, und entfalte sie wieder.

3

Falte die vorderen Ecken nach innen zu den Knicklinien aus dem letzten Schritt, entlang der 3er-Linien.

4

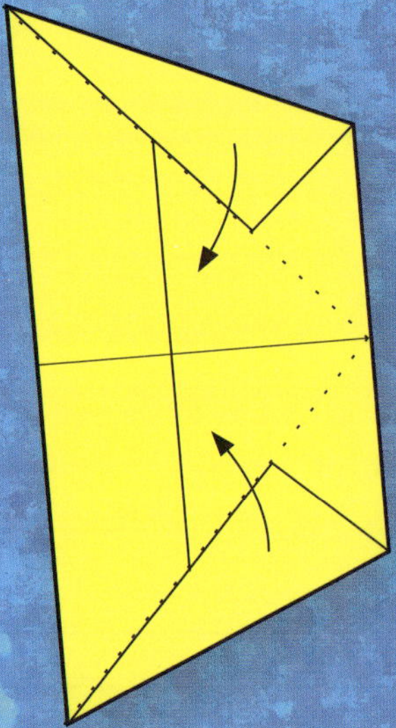

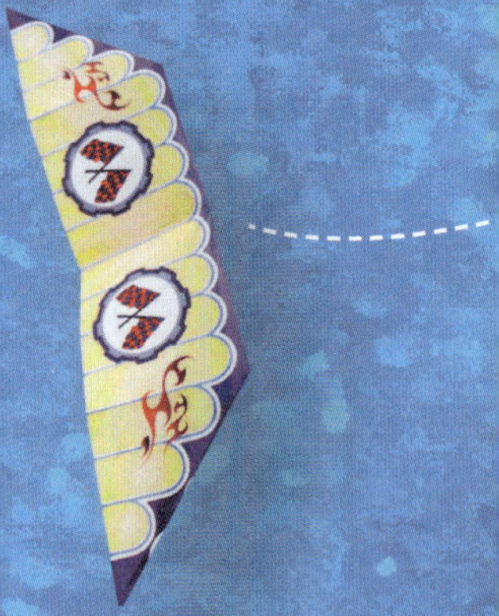

Falte die Ecken wieder an den 2er-Linien.

5

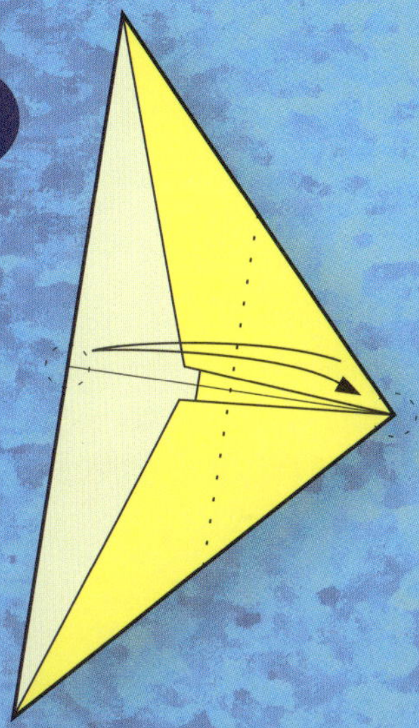

Falte die vordere Hälfte an der Linie 4 zurück zur Mitte der hinteren Kante und entfalte sie wieder.

6

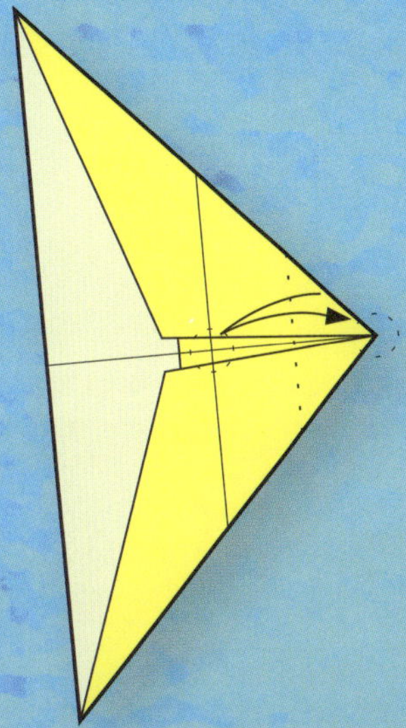

Falte das vordere Viertel an der Linie 5 zurück zu der Mitte der Knicklinie, die du gerade gefaltet hast, und entfalte es wieder.

7

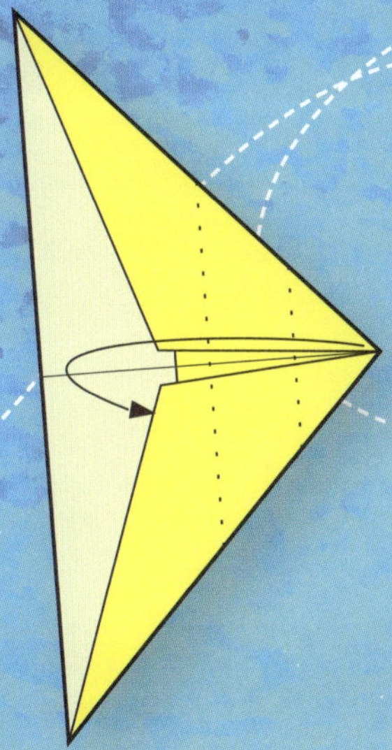

Falte wieder an den Linien 4 und 5 und stecke die Spitze unter die beiden Klappen.

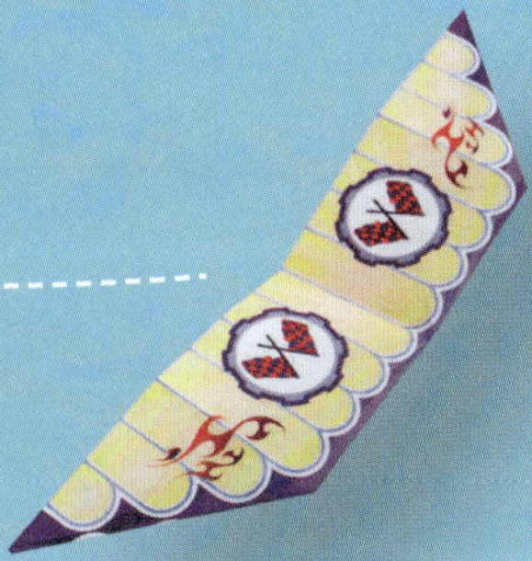

8

Falte die Flügelspitzen an den 6er-Linien leicht nach oben und mache eine leichte Bergfalte an der Mittellinie, bis der Flieger von vorn so aussieht wie auf dem kleinen Bild oben. Fertig!

Fireball

Diesen Flieger kannst du richtig kräftig werfen. Er ist vorn schön schwer, wird also schnell und gerade fliegen – wie ein Raketenflugzeug!

1

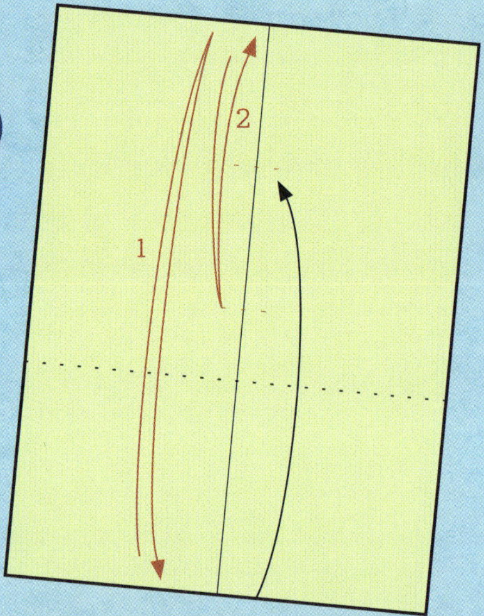

Das Papier liegt mit der Vorderseite nach unten. Falte entlang der Linie 1. Die roten Pfeile zeigen dir, wo du die Stellen auf einem leeren Blatt Papier findest.

2

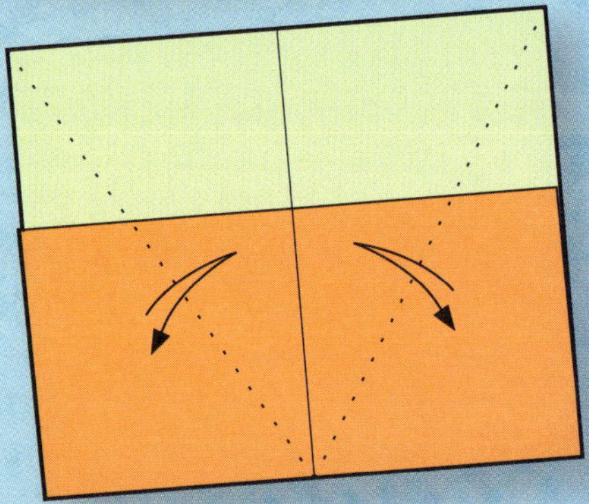

Falte dann nacheinander die beiden vorderen Ecken entlang der beiden 2er-Linien nach hinten und öffne sie gleich wieder.

3

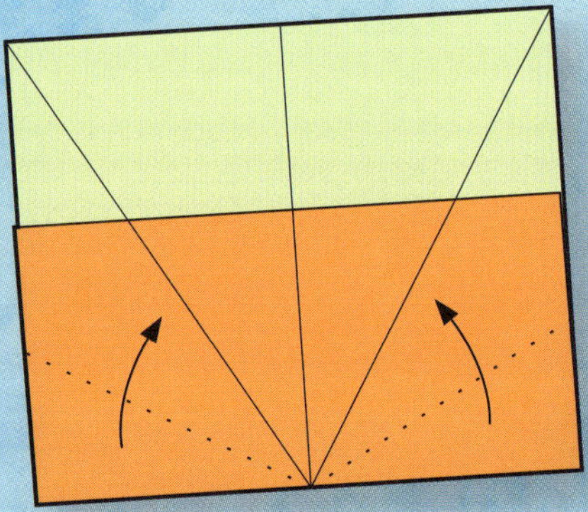

Falte die beiden vorderen Ecken an den beiden 3er-Linien nach innen bis zu den Knicklinien vom letzten Schritt.

4

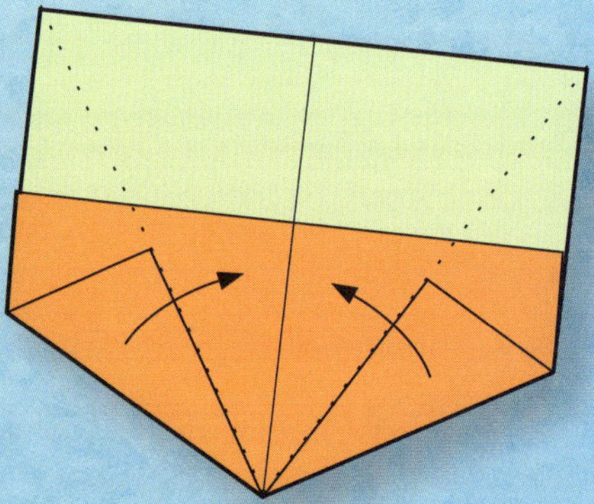

Falte die Ecken noch einmal an den 2er-Linien nach innen.

5

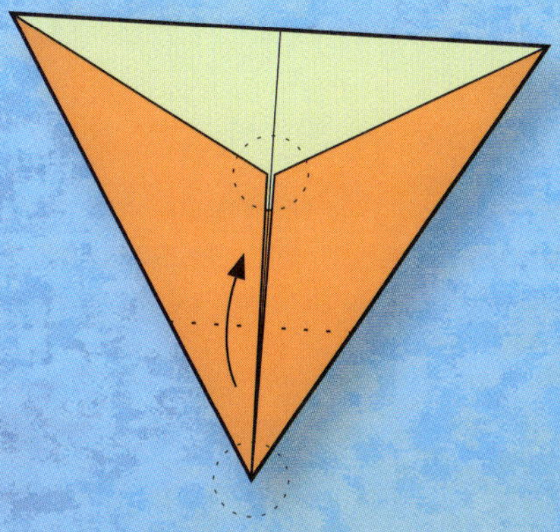

Falte nun die „Nasenspitze“ an der Linie 4 bis zur angezeigten Stelle nach oben.

6

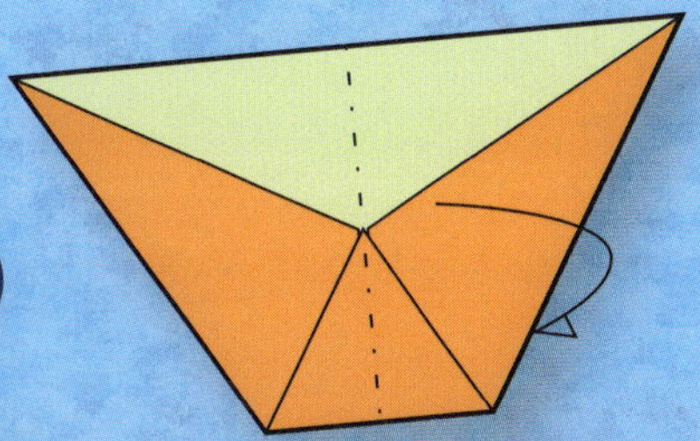

Falte den ganzen Flieger von dir wegzeigend in der Mitte.

7

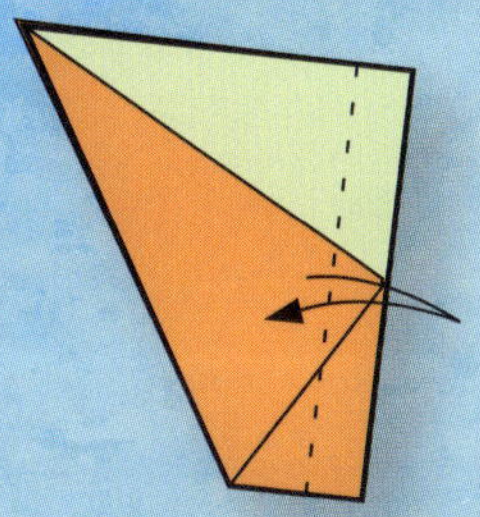

Falte die Flügel entlang der 5er-Linien und entfalte sie gleich wieder.

8

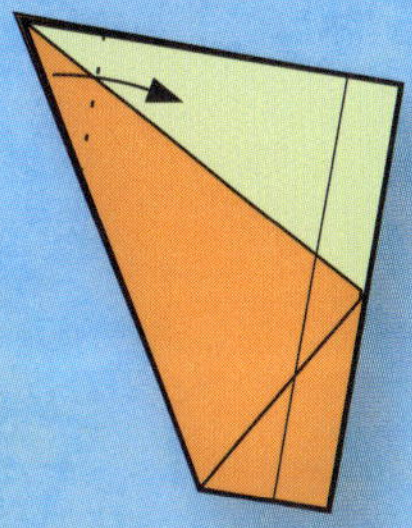

Falte die Flügelspitzen entlang der 6er-Linien nach innen.

9

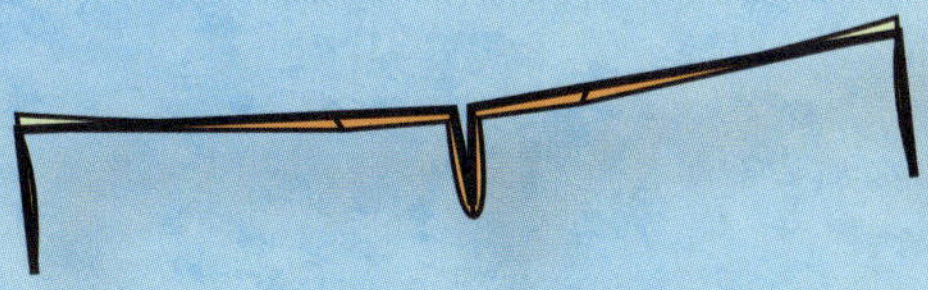

Öffne nun die Flügel. Wenn dein Flieger von vorn so aussieht, ist er bereit zu fliegen!

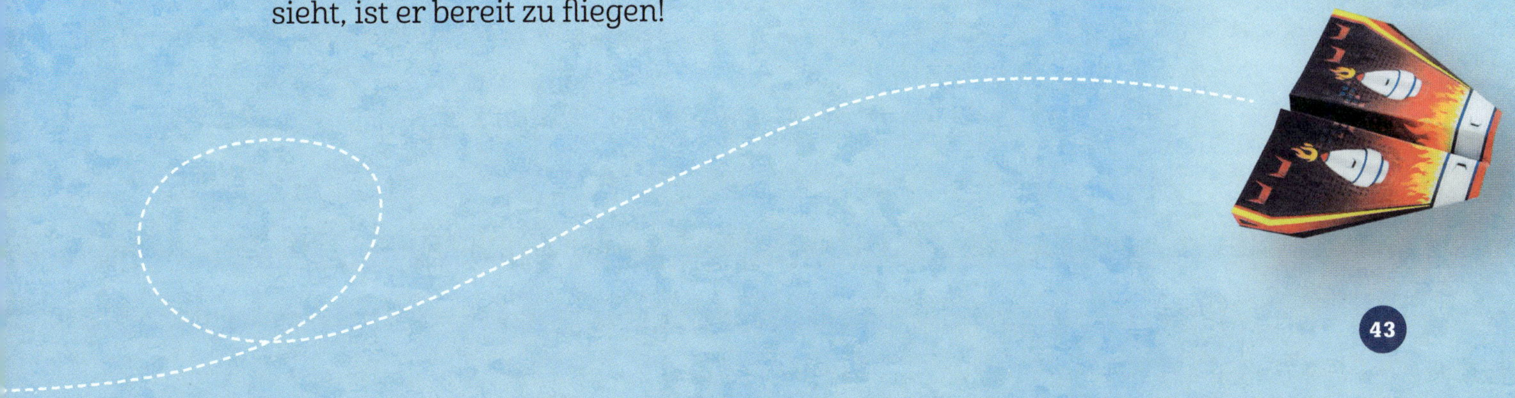

Schneller Pfeil

Das Einzige, was diesen Flieger zurückhält, ist dein Arm! Wie schnell kannst du werfen? Denn dieser Flieger ist schnell!

1

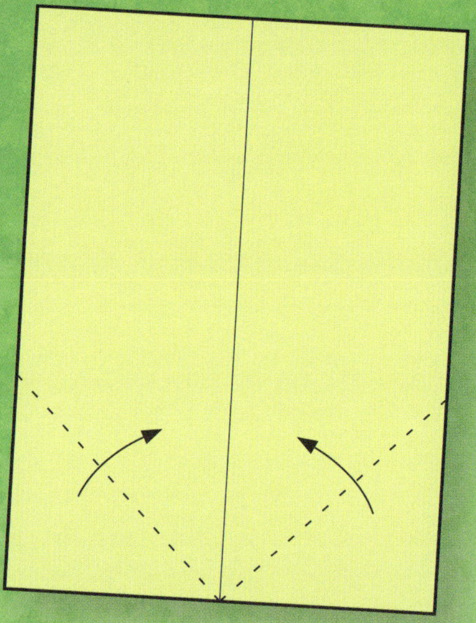

Die Papiervorderseite zeigt nach unten. Falte die beiden unteren Ecken an den 1er-Linien nach innen zur Mitte.

2

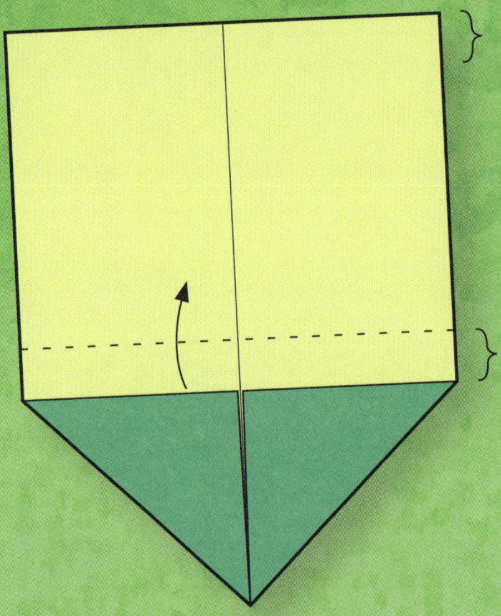

Falte den unteren Teil des Bogens an Linie 2 nach oben. Das über das Dreieck hinausgehende Stück ist oben und unten etwa gleich breit (sieht man auch im nächsten Schritt).

3

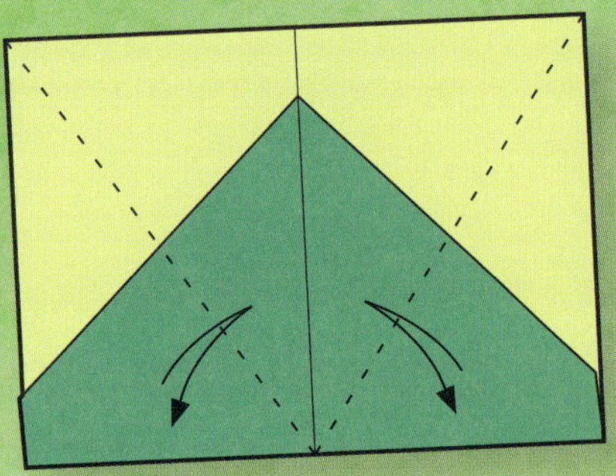

Falte die neuen unteren Ecken an den 3er-Linien und entfalte sie wieder.

4

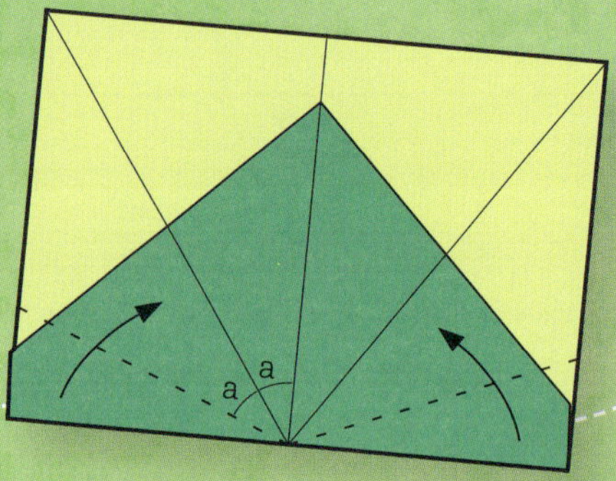

Falte die Ecken an den 4er-Linien. Die Winkel a sollten gleich groß sein – in Schritt 6 siehst du, warum.

5

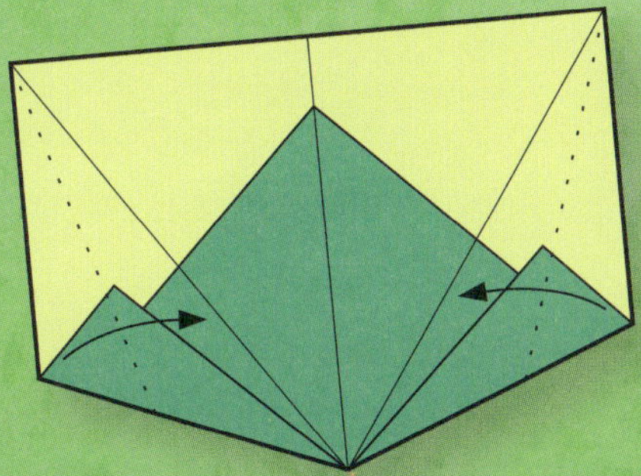

Falte die Ecken nochmals, diesmal an den 5er-Linien.

6

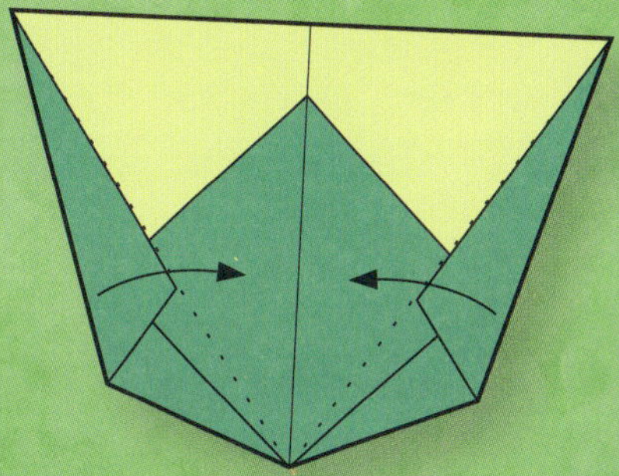

Falte die Ecken wieder an den 3er-Linien.

7

Die Außenkanten treffen sich in der Mitte! Falte nun das „Bauchnabel“-Dreieck an Linie 6 nach unten.

8

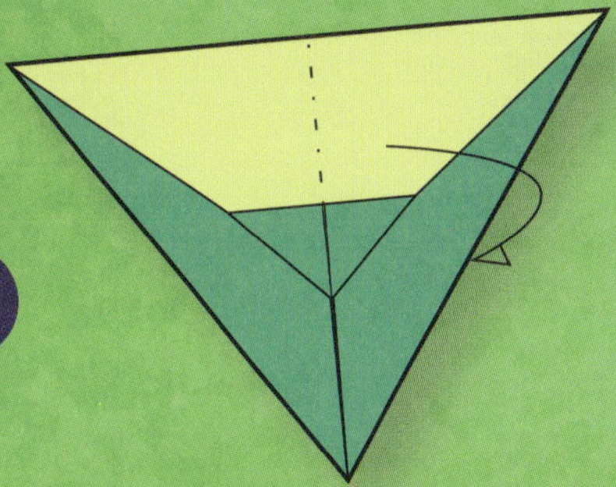

Falte den ganzen Flieger von dir wegzeigend in der Mitte.

9

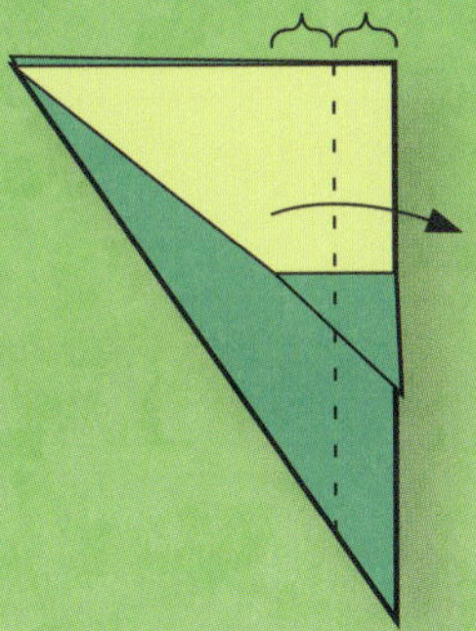

Falte die Flügel an den 7er-Linien nach unten. Die Faltung ist halb so breit wie der „Bauchnabel“ und parallel zur Mittellinie.

10

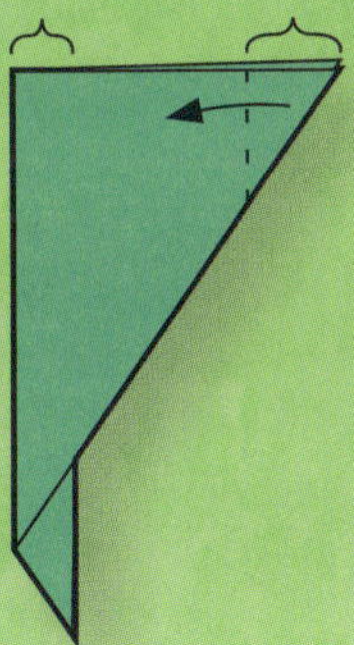

Falte die Querruder an den 8er-Linien nach oben. Die Höhe eines Querruders beträgt 1 ½ Mal die Breite der Faltung aus Schritt 9.

11

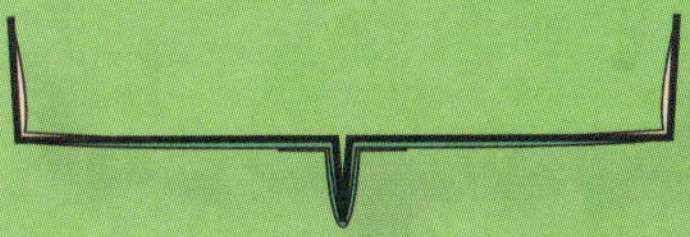

Öffne die Flügel und Querruder, sodass sie von vorne so aussehen. Fertig!

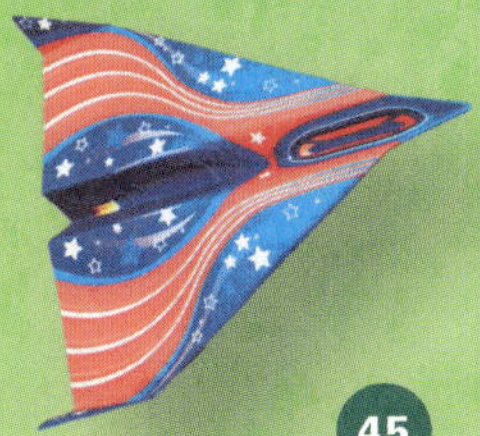

Spade

Langsam, aber sicher gleitet der Spade. Vorn an der Nase kommt Takuo Todas besonderer Faltmechanismus zum Einsatz, der den Flieger zusammenhält. Mit nur einem kleinen Schubs kann er duch das ganze Zimmer fliegen!

1

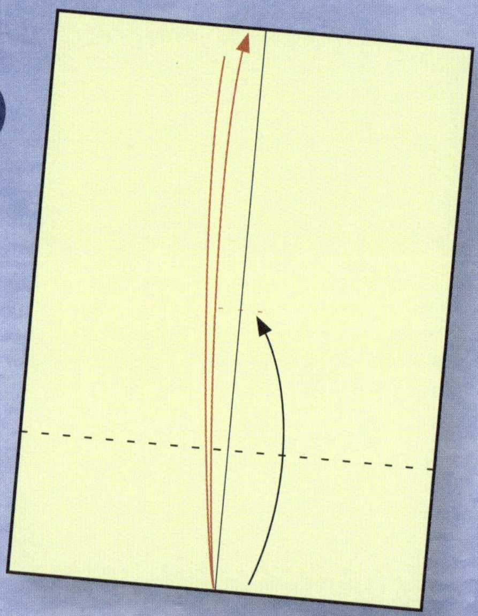

Die Papiervorderseite zeigt nach unten. Falte das untere Viertel an Linie 1 nach oben. Der rote Pfeil zeigt dir, wie du die Stelle auf einem leeren Blatt findest.

2

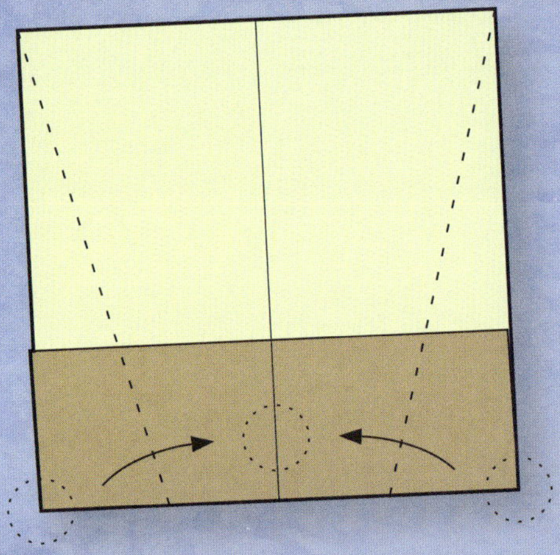

Falte die beiden vorderen Ecken so an den 2er-Linien nach innen, dass sie die Mittellinie berühren, wie hier zu sehen.

3

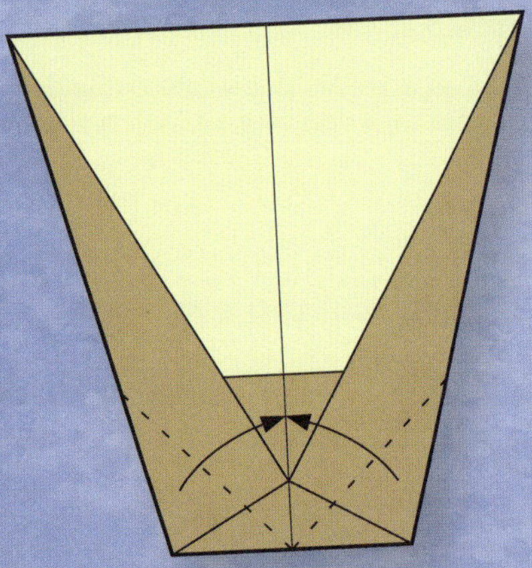

Falte die neuen Ecken an den 3er-Linien so nach innen, dass sie sich an der Mittellinie treffen.

4

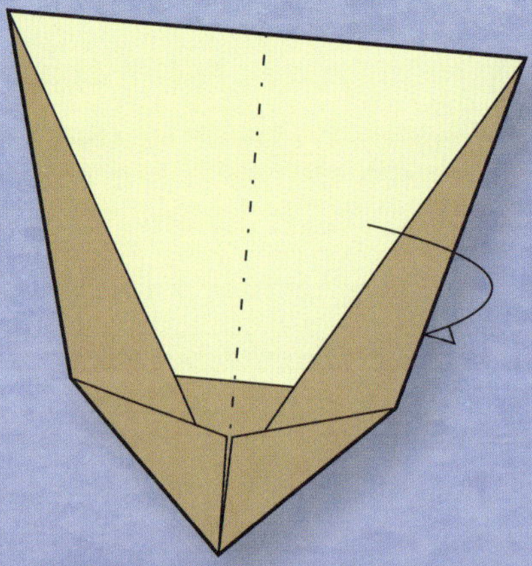

Falte den ganzen Flieger von dir wegzeigend in der Mitte.

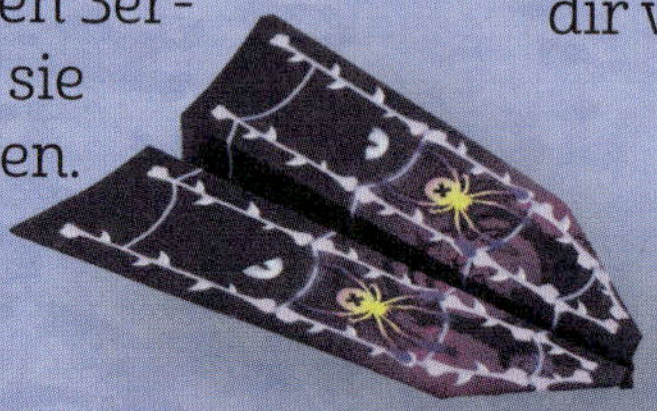

5

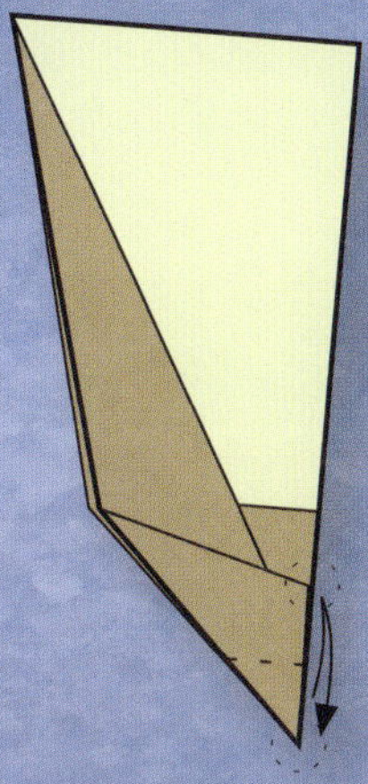

Falte die Nase an Linie 4 zum hier gezeigten Punkt nach oben und öffne sie wieder.

6

Falte die Spitze an Linie 5 nach oben zum Ende der Faltung 4 und öffne sie wieder.

7

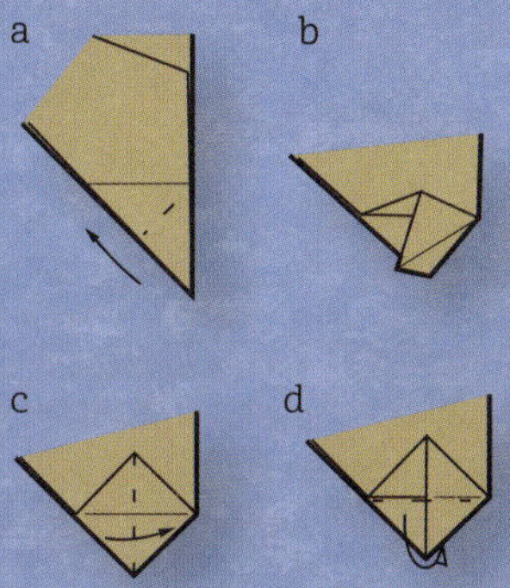

a und b: Falte die Nase wie gezeigt und drücke sie flach. c: Falte die obere Lage an Linie 6 nach unten. d: Falte die Spitze nach hinten zur anderen Seite.

So sieht die gefaltete Nase von unten aus.

8

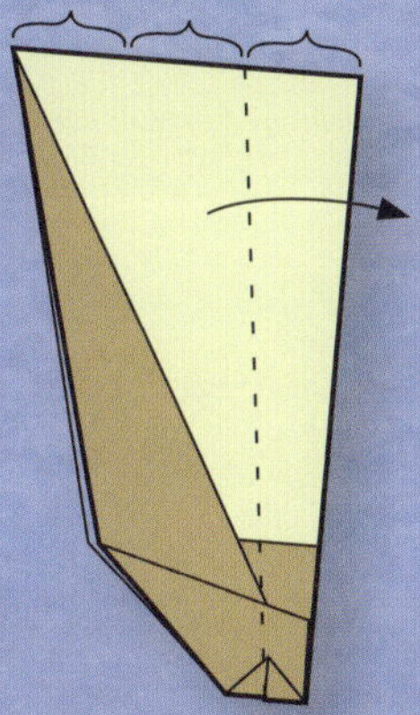

Falte die Flügel an den 7er-Linien nach unten. Sie beginnen in der Mitte der Nase und enden bei einem Drittel der Länge der hinteren Kante.

9

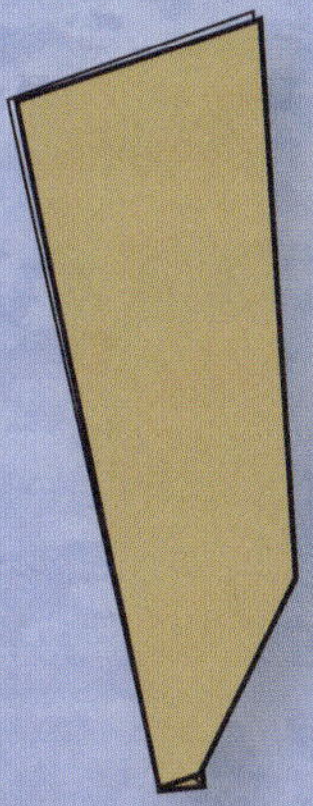

Glätte die Flügel, und du kannst losfliegen!

10

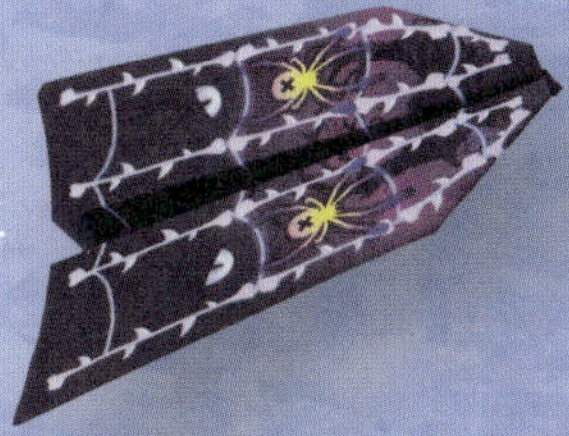

Der fertige Spade.

Delta-Jet

Willst du einen Entfernungswettbewerb gewinnen? Mit diesem Flieger könntest du es schaffen. Dank seiner raffinierten Nasenfaltung kannst du ihn sehr kräftig werfen – und sehr hoch! Dann fliegt er gerade und weit.

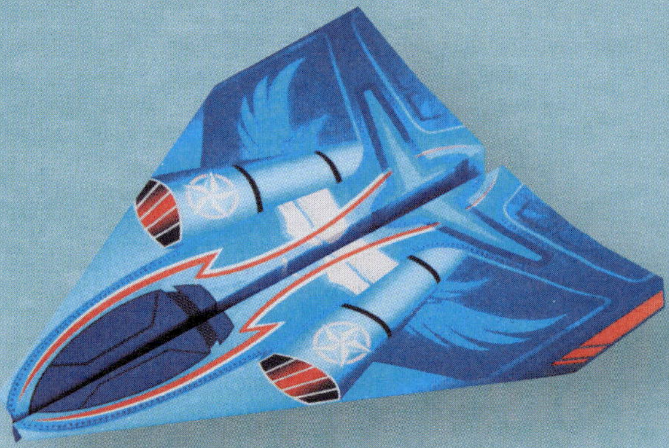

1

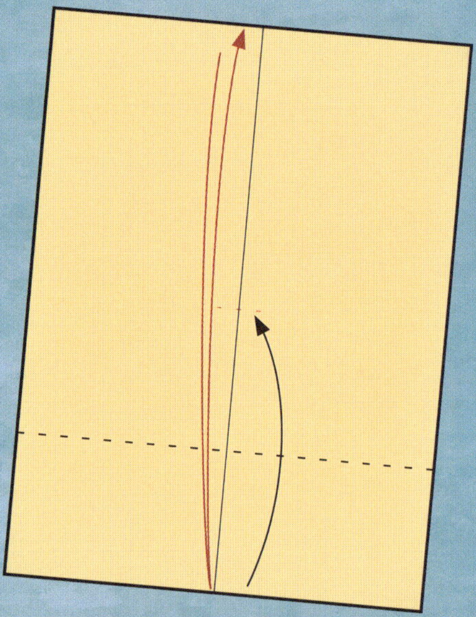

Die Papiervorderseite zeigt nach unten. Falte das untere Viertel an Linie 1 nach oben. Der rote Pfeil zeigt dir, wie du die Stelle auf einem leeren Blatt findest.

2

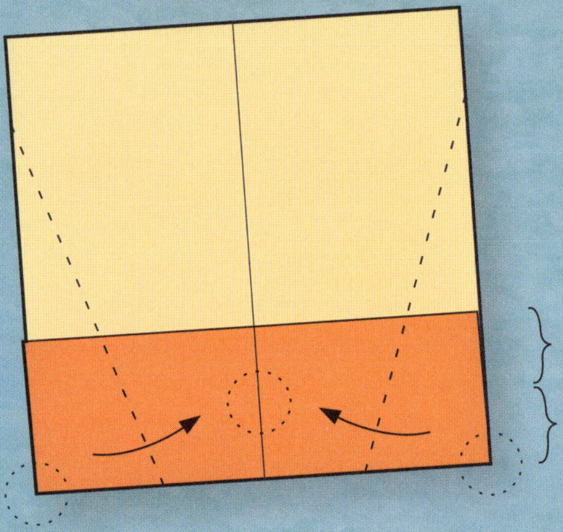

Falte die beiden Ecken so an den 2er-Linien, dass sie sich in der Mitte der Faltung aus Schritt 1 treffen.

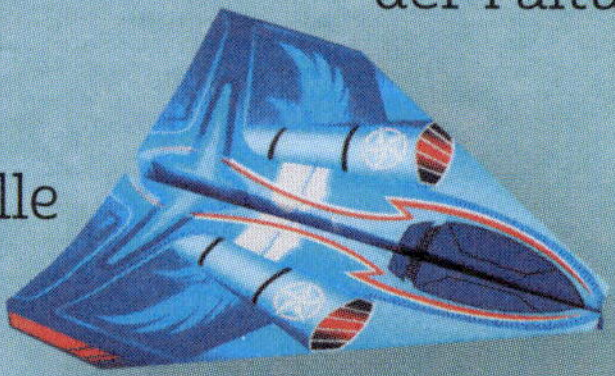

3

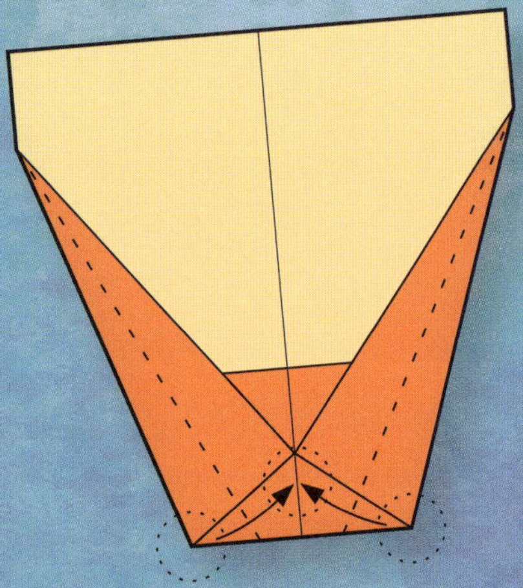

Falte die neuen Ecken an den 3er-Linien nach innen. Beginne an den gleichen Stellen wie bei der letzten Faltung. Sie treffen sich an der Mittellinie.

4

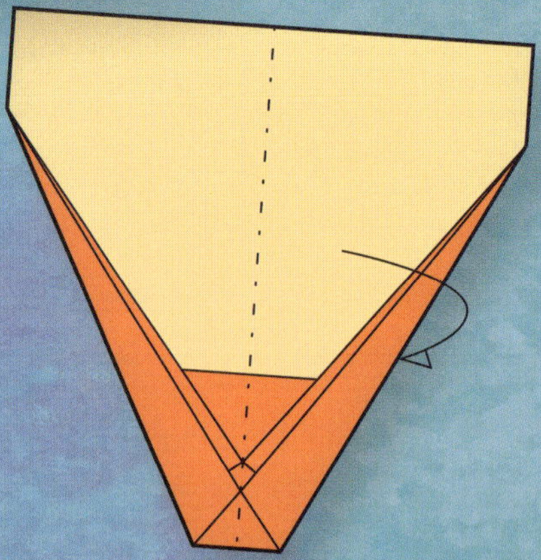

Falte den ganzen Flieger von dir wegzeigend in der Mitte.

5

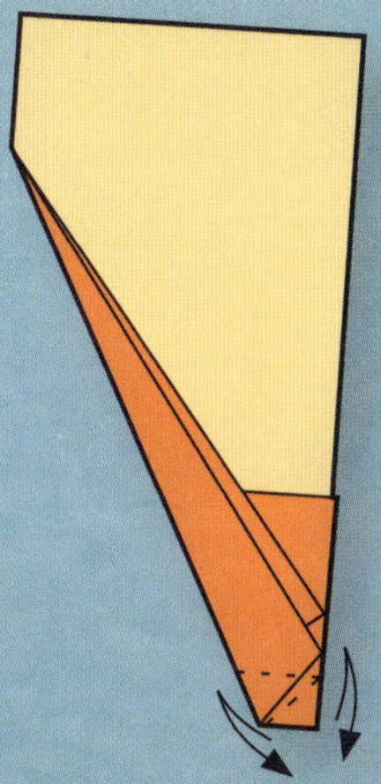

Falte und entfalte die Linien 4 und 5. Linie 4 beginnt dort, wo die Flügelkante dick wird; Linie 5 führt die Vorderkante mit der neuen Knicklinie zusammen.

6

Verschließe die Nase, indem du die obere Ecke hochziehst, zurück über den Rumpf, und die untere Ecke nach hinten faltest zur anderen Seite der Nase.

7

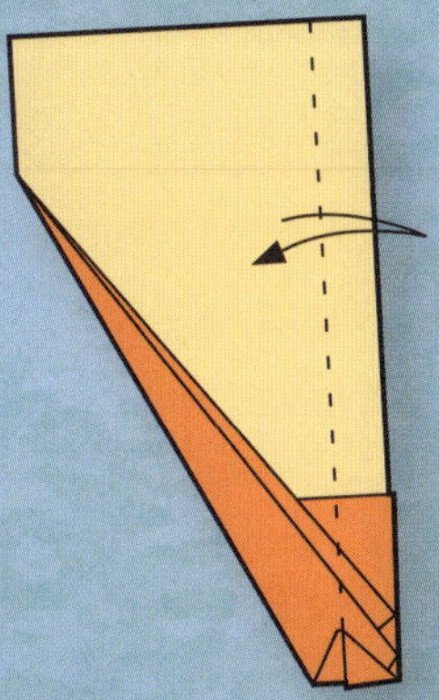

Falte und entfalte die Flügel an den 6er-Linien. Falte sie vorn so weit runter wie du kannst. Die Faltung sollte parallel zur Mittellinie sein.

8

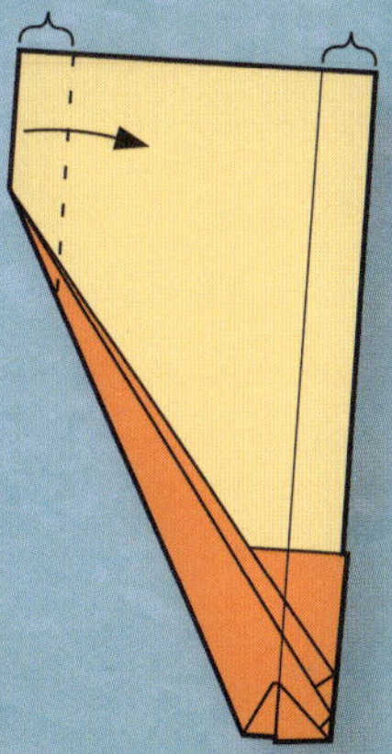

Falte das Querruder an der Flügelspitze an Linie 7 nach unten. Die Breite des Ruders ist die gleiche wie die des Rumpfes. Wiederhole das mit der anderen Flügelspitze.

9

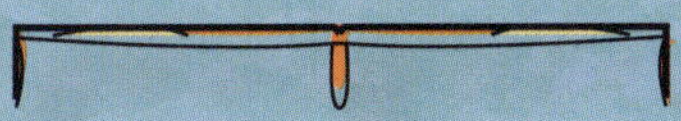

Begradige Flügel und Ruder wie hier gezeigt, biege den hinteren Teil der Flügel etwas hoch und los geht's!

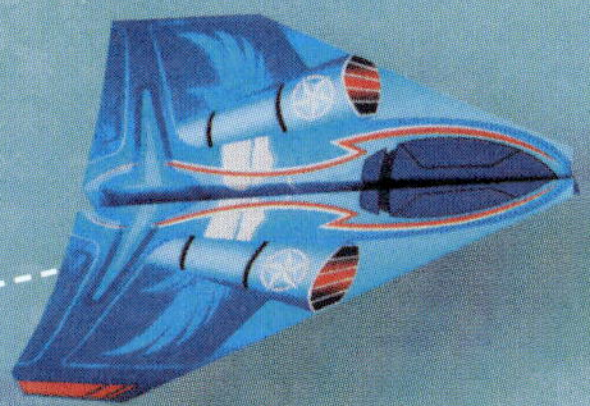

Ringgeist

Du wirfst ihn wie einen Fußball, und er fliegt wie eine Frisbeescheibe. Er wird immer schneller. Ist das wirklich ein Flugzeug oder steckt ein Zauber dahinter ...?

1

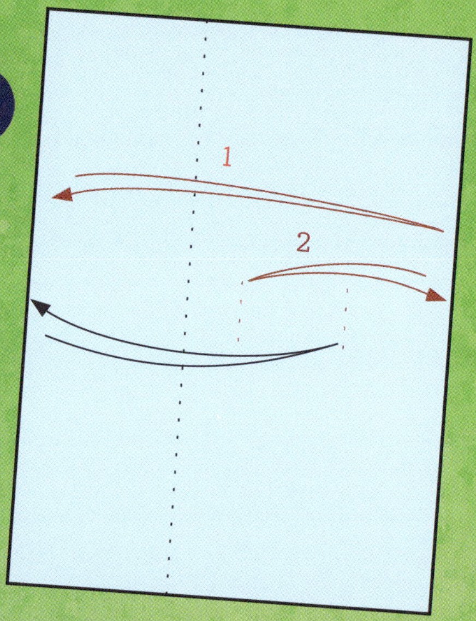

Die Papiervorderseite zeigt nach unten. Falte und entfalte Linie 1. Die roten Pfeile zeigen dir, wie du die Stelle auf einem leeren Blatt findest.

2

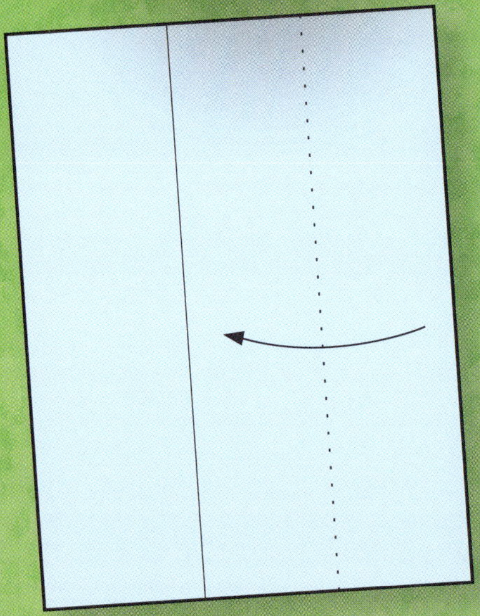

Falte die rechte Kante an Linie 2 zu der Faltlinie.

3

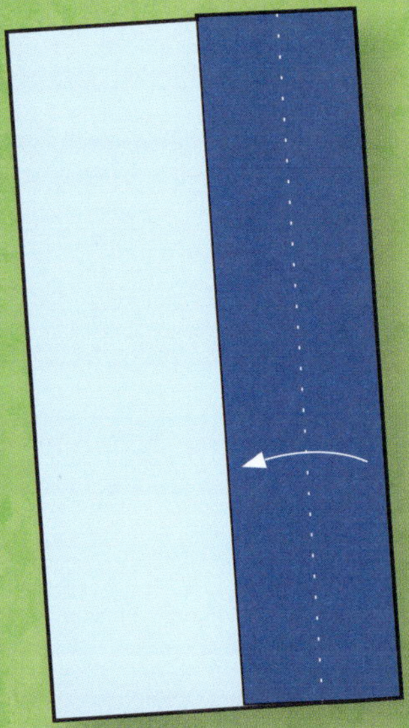

Falte die neue rechte Kante an Linie 3 zur Faltlinie.

4

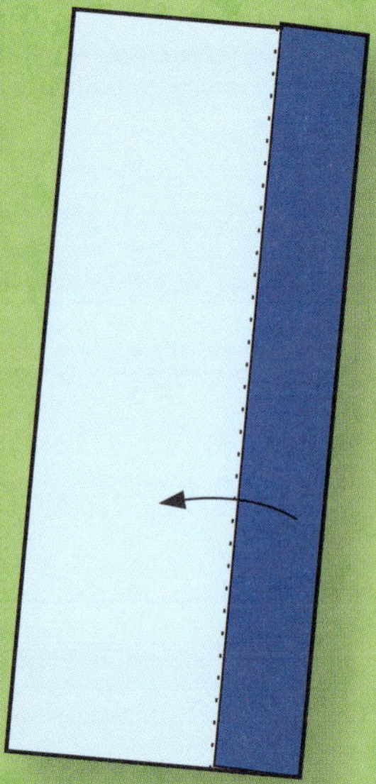

Falte Linie 1 noch einmal.

5

Wende den Flieger.

6

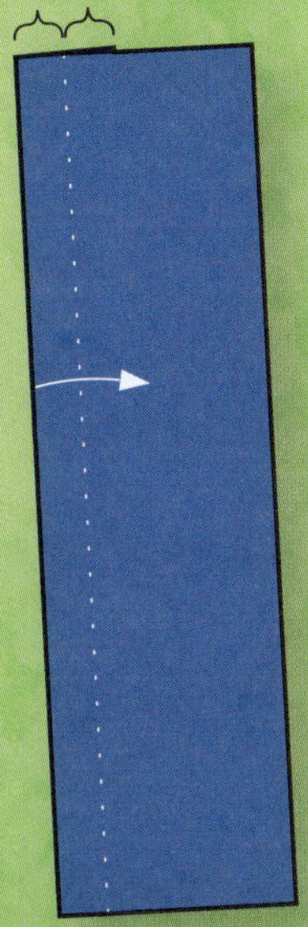

Falte nun die linke Kante so an der Linie 4, dass die dicken Stellen auf Vorder- und Rückseite gleich breit sind.

7

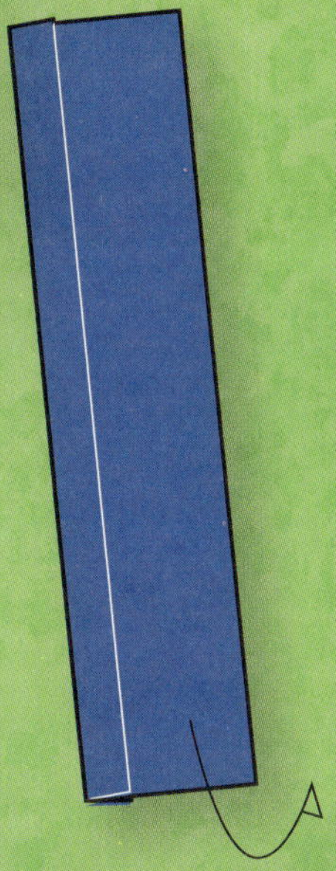

Biege den Flieger von dir wegzeigend zu einem Ring. Die dicke Vorderkante könnte sich ein wenig wellen; glätte sie, so gut du kannst.

8

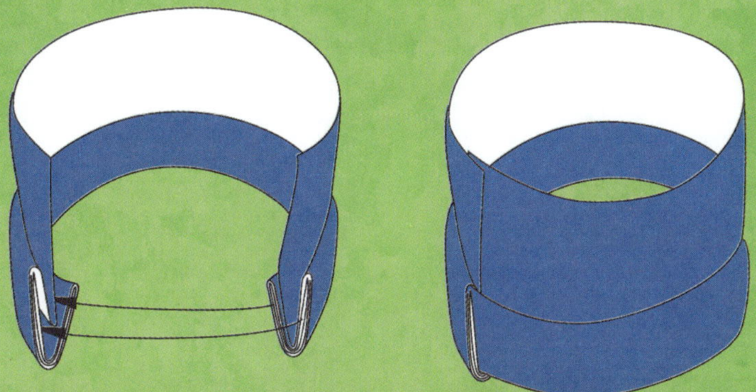

Schiebe die Unterkante in die innere Tasche hinein. Der obere Teil sollte den unteren etwa 1,25 cm überlappen. (Sichere das mit einem kleinen Stück Klebeband, wenn du möchtest.)

Space Cruiser

Dieser Flieger hat einige schwierige Faltungen, schau dir also alle Schritte erst einmal an, bevor du anfängst. Danach mach dich bereit für einen Raketenstart und eine Tour in ferne Galaxien!

1

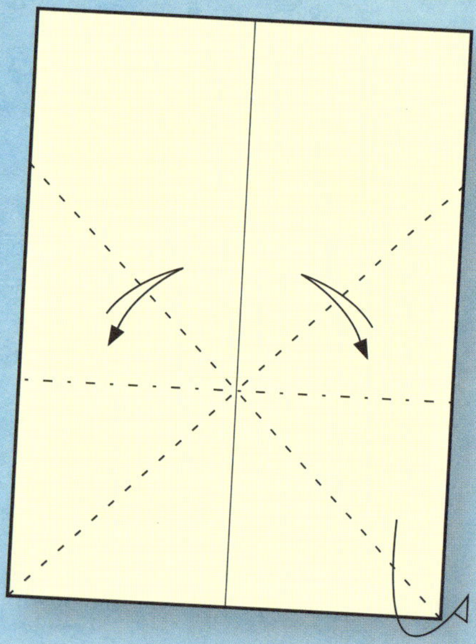

Die Papiervorderseite zeigt nach unten. Falte und entfalte Linien 1 und 2 zu dir hin, falte und entfalte Linie 3 von dir weg.

2

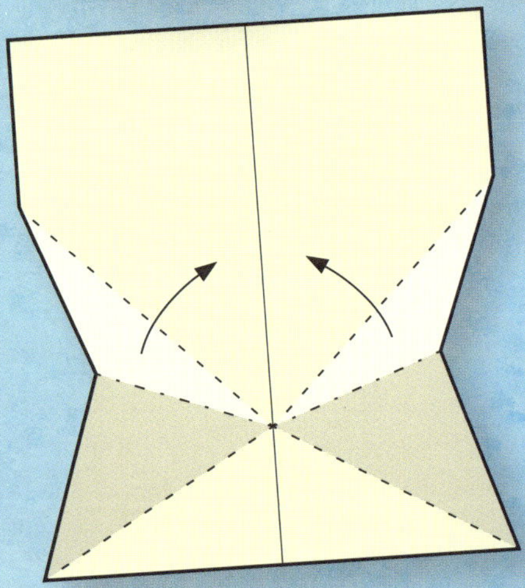

Ziehe das Papier an den Enden der Linie 3 so nach oben, dass die Ecken sich an der Mittellinie treffen. Schritt 3 zeigt, wie die fertige Faltung aussieht.

3

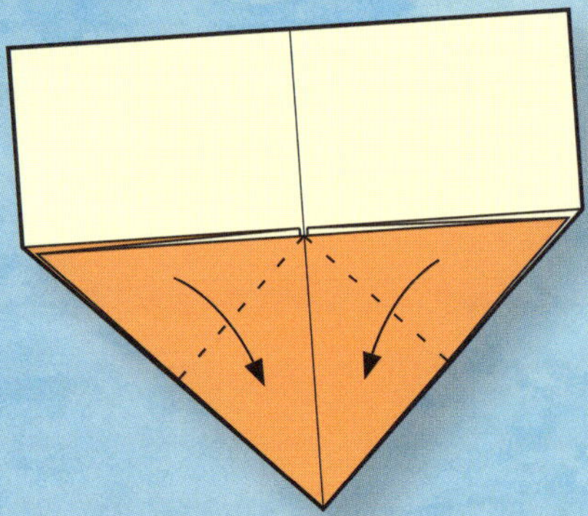

Falte die beiden losen Ecken an den 4er-Linien nach unten zur Spitze hin.

4

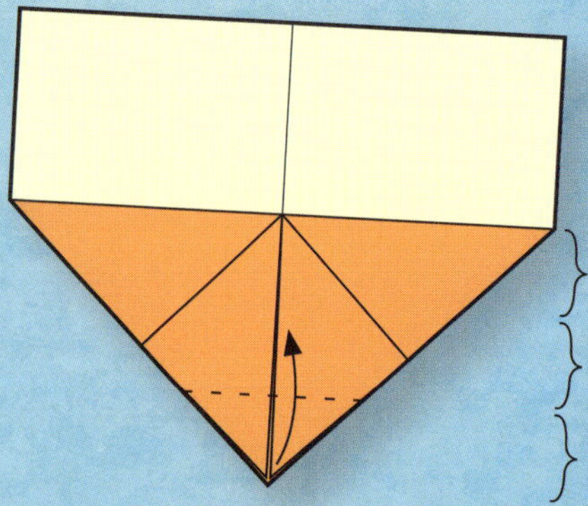

Falte die ganze Spitze an Linie 5 nach oben. Die Zeichnung zeigt, wie du die richtige Faltstelle findest.

5

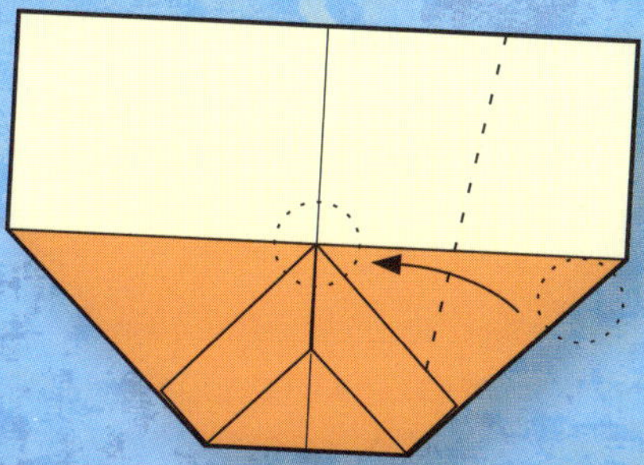

Falte eine Seite des Fliegers an Linie 6. Beginne an der vorderen Ecke und stecke die Kante so weit unter die vorderen Schichten, wie es geht.

6

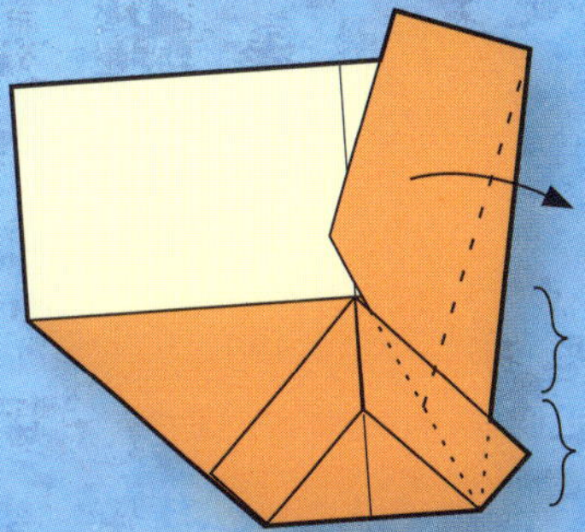

Falte das Papier an Linie 7 wieder nach hinten. Die Faltung beginnt an der Hälfte des versteckten Teils der Kante.

7

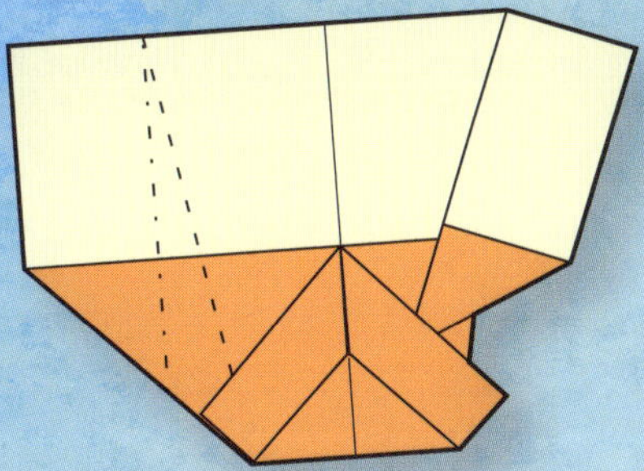

Falte die andere Seite auf die gleiche Weise.

8

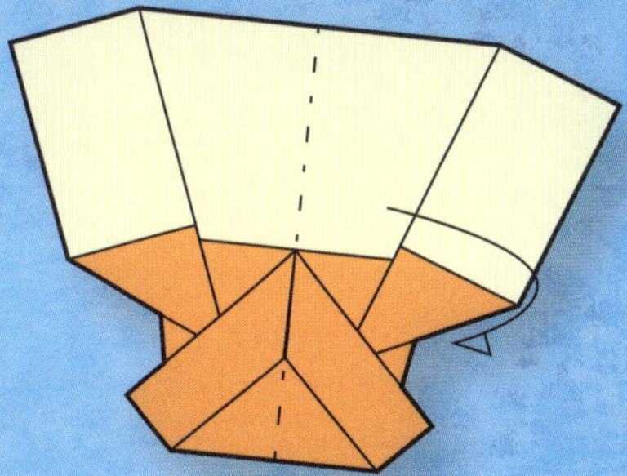

Falte den ganzen Flieger von dir wegzeigend in der Mitte.

9

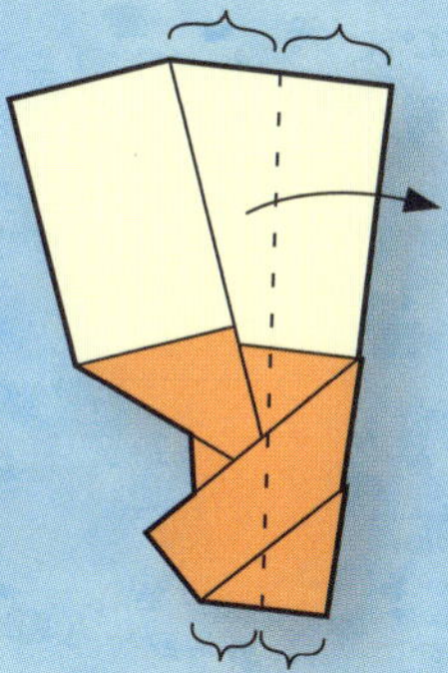

Falte die Flügel an den 8er-Linien nach unten. Die Faltung beginnt und endet auf halber Strecke der Kanten.

10

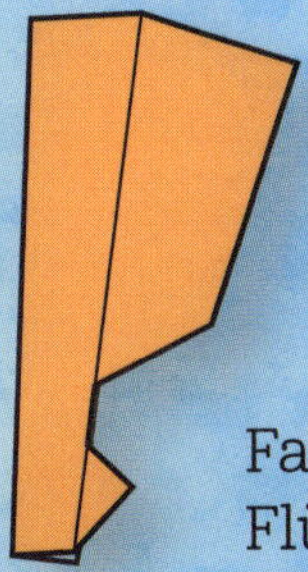

Falte die Flügel ein wenig auf und du bist bereit für den Start!

Raptor

Mit der richtigen Flügeleinstellung wird dieser Flieger kreisen, als halte er nach Beute Ausschau.

1

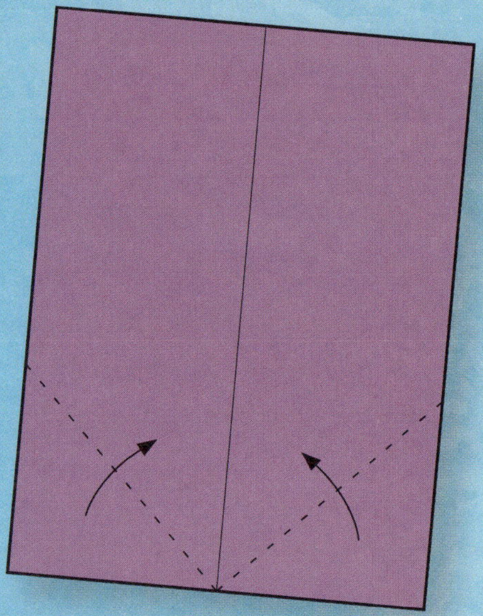

Das Papier liegt mit der Vorderseite nach unten. Falte die beiden vorderen Ecken an den 1er-Linien zur Mittellinie.

2

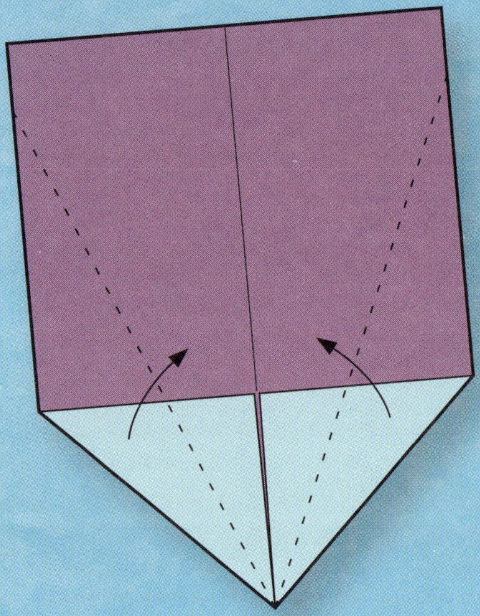

Falte die neuen Ecken an den 2er-Linien zur Mittellinie.

3

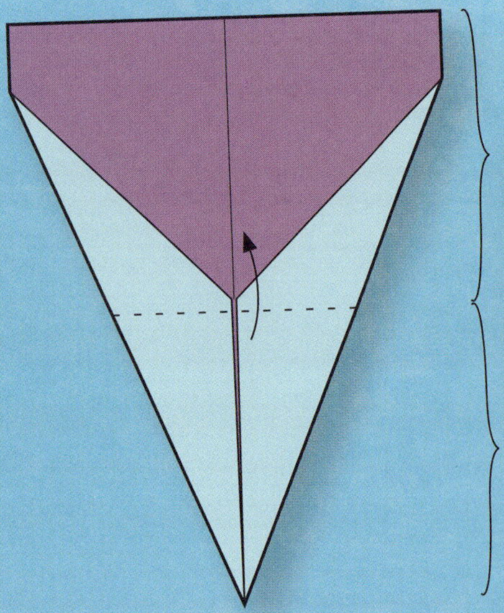

Falte die Spitze an Linie 3 nach oben bis zur hinteren Papierkante.

4

Drehe das ganze Flugzeug um.

5

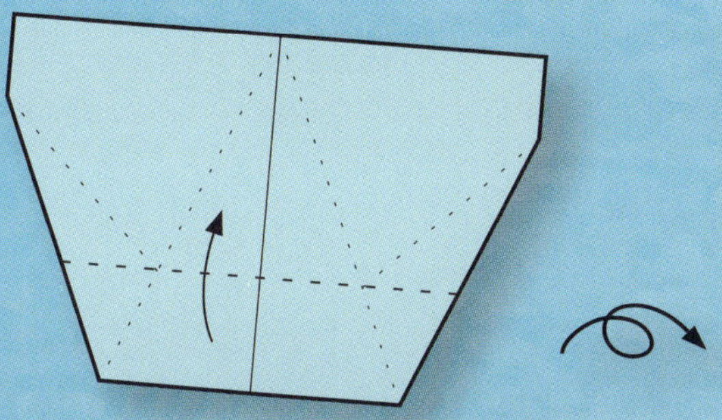

Falte das Papier an Linie 4 nach oben, ziehe dabei die Spitze hinter dem Flugzeug hervor. Die dünn gestrichelten Linien zeigen die Papierkanten der Rückseite und wie man die richtige Stelle zum Falten findet.

6

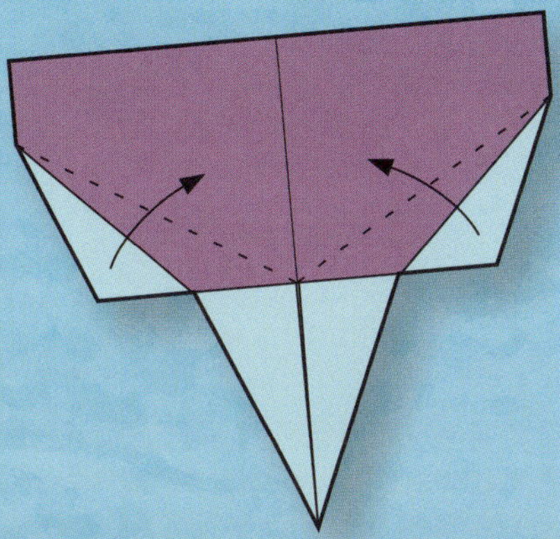

Drehe noch einmal das ganze Flugzeug um. Falte dann die beiden neuen Ecken an den 5er-Linien nach oben.

7

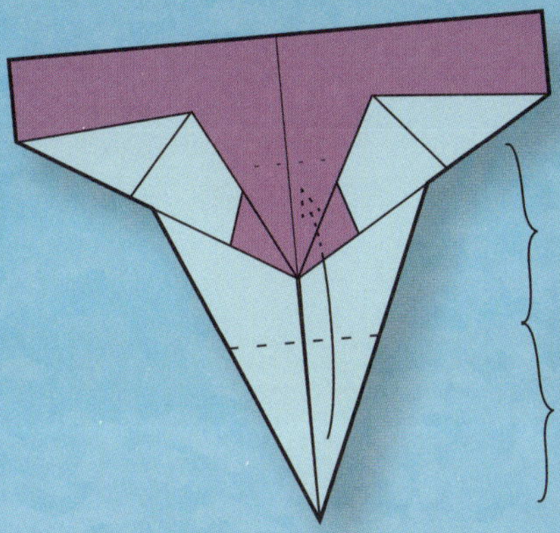

Falte die Spitze an Linie 6 nach oben und stecke sie unter die Faltungen von gerade eben. Die Spitze sollte die Faltung an Linie 3 berühren.

8

Falte den ganzen Flieger von dir wegzeigend in der Mitte.

9

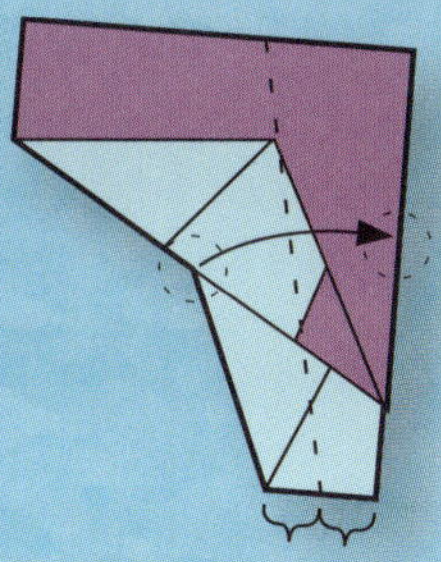

Falte die Flügel an den 7er-Linien nach unten. Die Seite der Nase sollte auf die Mittellinie treffen.

10

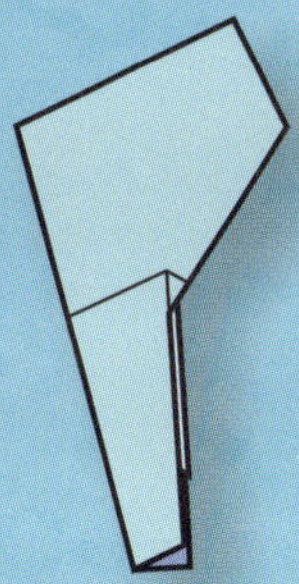

Öffne die Flügel, und der Raptor ist bereit!

11

Der fertige Raptor.

Iceberg

Auch ein Flieger mit zwei ungleichen Flügeln kann fliegen! Das wird dir keiner glauben – bis du es ihnen vorführst. Unglaublich cool!

1

Die Vorderseite des Papiers liegt oben. Falte die untere rechte Ecke an Linie 1 zur oberen linken Ecke.

2

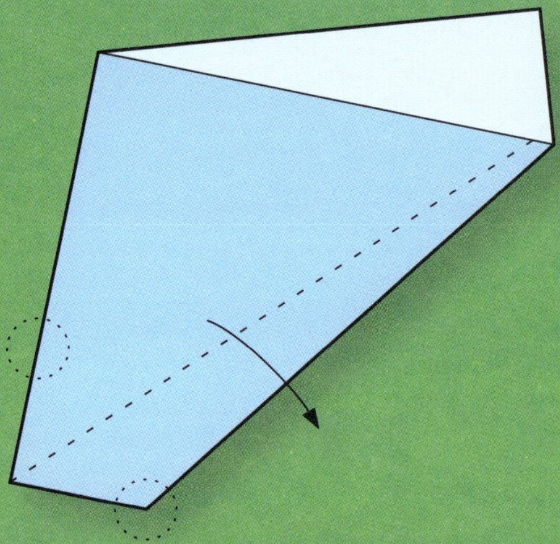

Falte die obere Ecke an Linie 2 nach unten. Die linke Kante sollte dann auf der unteren Ecke liegen.

3

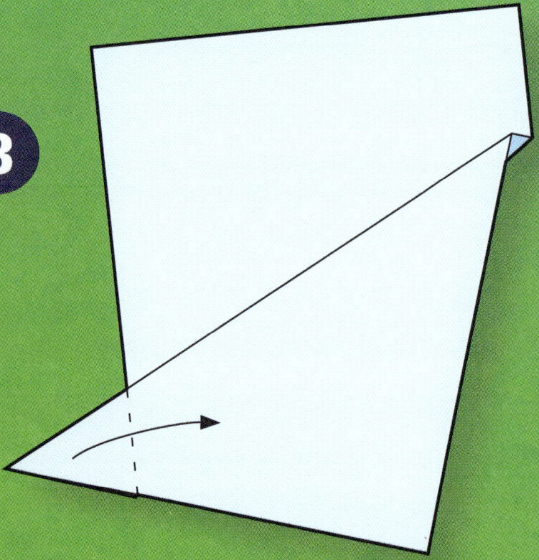

Falte das dreieckige Stück an Linie 3 wie hier zu sehen.

4

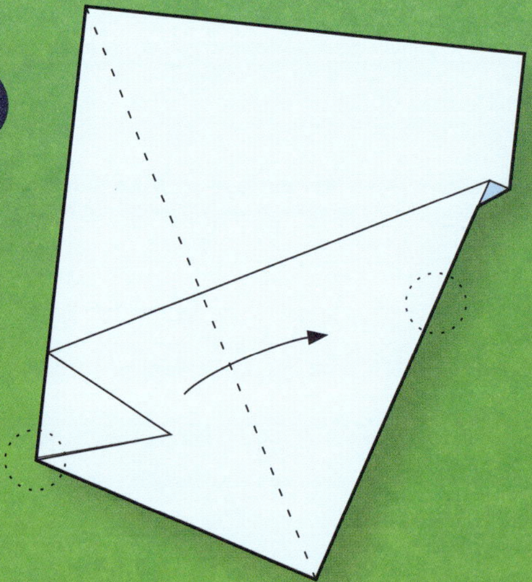

Falte das Papier an Linie 4 wie hier zu sehen. Die untere Ecke sollte dann auf der rechten Kante liegen.

5

Falte die Spitze an Linie 5, wie hier gezeigt, und entfalte sie wieder.

6

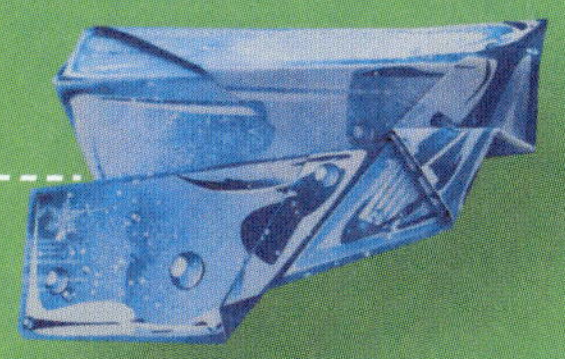

Falte die Spitze so an Linie 6, dass die rechte Ecke die Knicklinie berührt, die du gerade gefaltet hast.

7

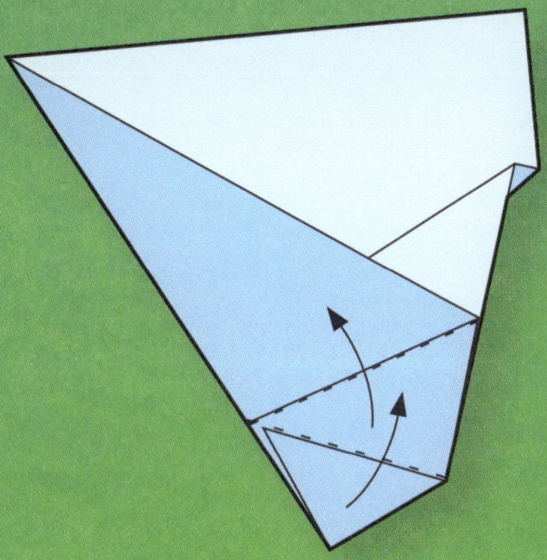

Falte noch einmal an Linie 5 und falte dann die ganze Spitze an Linie 7 nach oben, wie hier zu sehen.

8

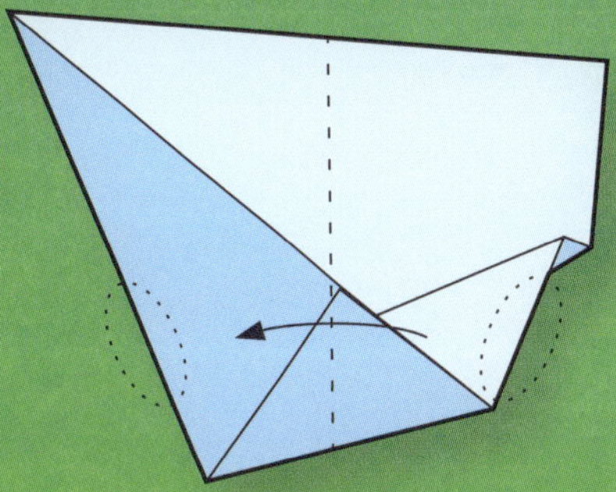

Falte den ganzen Flieger an Linie 8, also in der Mitte, zu dir hinzeigend. Die beiden Kanten sollten aufeinanderliegen.

9

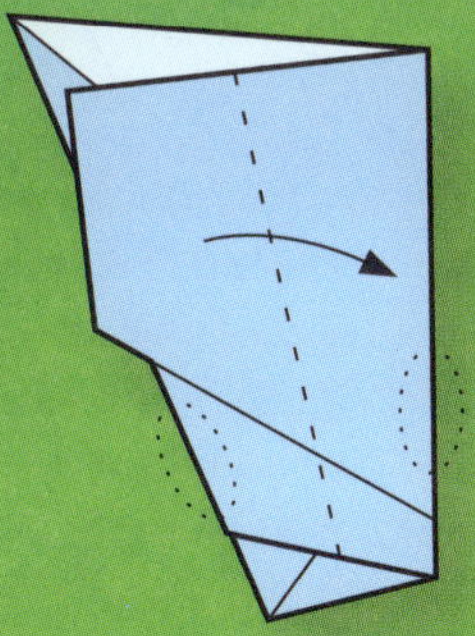

Falte den oberen Flügel an Linie 9 nach unten. Nun trifft die Kante aus dem letzten Schritt auf die Mittellinie.

10

Falte den anderen Flügel an Linie 10 in einer Bergfalte, sodass der Knick auf den des oberen Flügels trifft.

11

Öffne den Flieger ein wenig und lass ihn fliegen!

12

Der fertige Iceberg.

Spiele und Wettbewerbe

Wenn deine Papierflieger alle gefaltet sind, wirst du viel Flugspaß mit ihnen haben. Sie aber einfach nur durch den Raum zu werfen, könnte nach einer Weile langweilig werden. Veranstalte doch ein paar Flugspiele mit Freunden – oder einen Wettbewerb, wessen Papierflieger am besten fliegt! Hier einige Vorschläge!

SICHERHEIT

Bevor wir anfangen, ein Wort zur Sicherheit: Denk immer dran, dass deine Flieger spitz und schnell sind und du sie meist in Gesellschaft fliegen lässt. Halte immer so viel Abstand zu anderen, dass deine Flieger sie nicht treffen können. Bei einem Wettbewerb ist das besonders wichtig, weil die Teilnehmer da alles aus ihren Fliegern herausholen wollen. Wirf deine Flieger nie auf Menschen oder Tiere. Halte dich von belebten Straßen und Stromleitungen fern und hebe keine Flieger auf, die an gefährlichen Stellen gelandet sind. Das lohnt sich nicht: Du kannst schließlich immer neue falten!

Ringwurfspiel

RINGWURFSPIEL

Naja, nicht wirklich ein Ringwurfspiel (es sei denn, du nimmst dafür den Ringgeist-Flieger!), aber die Idee ist dieselbe. Stelle einige nach vorn offene Kartons in verschiedenen Größen und verschiedenen Abständen auf. Kleinere oder weiter entfernte Kartons bringen mehr Punkte. Die Mitspieler stehen hinter einer Linie und versuchen, ihre Flieger in die Kartons fliegen zu lassen. Dafür gibt es Punkte, und die meisten Punkte gewinnen. Variante: Stell die Kartons so auf, dass die Öffnungen nach oben zeigen. Oder hast du Hula-Hoop-Reifen? Die kannst du auch als Ziel nehmen. Brennende Reifen? Nur Spaß – keine brennenden Reifen!

HINDERNISRENNEN

Stelle Hula-Hoop-Reifen oder Pappen mit einem Loch darin auf dem Rasen oder in der Turnhalle zu einem Hindernisparcours auf. Von der Startlinie aus musst du nun deine Flieger nacheinander durch alle Öffnungen fliegen lassen. Mach immer dort weiter, wo der letzte Flug geendet hat. Wie schnell kommst du durch den Parcours? Und wenn du mit deinen Freunden ein Rennen veranstaltest?

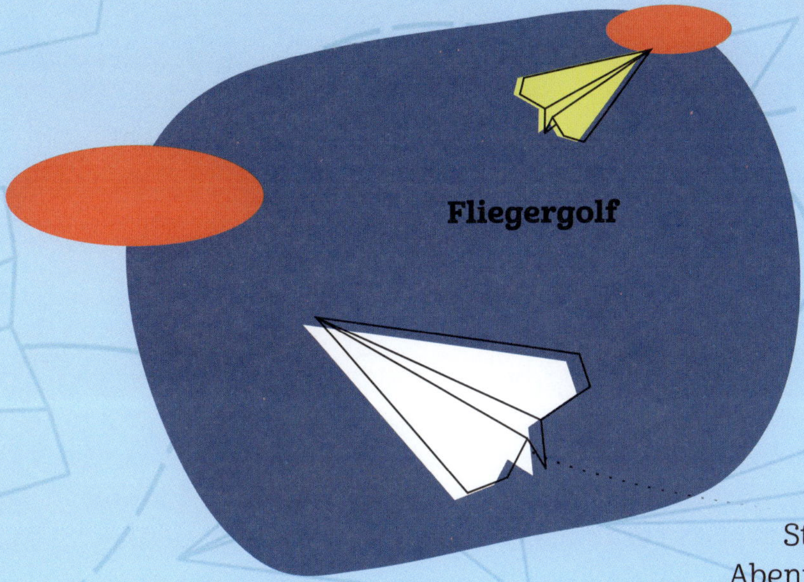

FLIEGERGOLF

Lege einige Zielpunkte auf dem Boden oder dem Rasen aus und versuche, deinen Flieger genau dort landen zu lassen. Versuche es so lange, bis es klappt, und gib dir für jeden Versuch einen Strich. Wer alle Ziele mit den wenigsten Strichen geschafft hat, gewinnt! Abenteuerlustige könnten das auch auf einem echten (Mini-)Golfplatz machen – aber natürlich nur mit Erlaubnis!

FLIEGERCURLING

Hier brauchst du einen glatten Fußboden. Markiere dort mit bunten Klebestreifen eine große Zielscheibe. Zwei Teams werfen ihre Flieger abwechselnd von einer Linie aus (etwa 4 bis 10 Meter entfernt) und versuchen, sie fliegend und schlitternd ins „Bull's Eye" zu bekommen. Flieger, die schon dort sind, werden weggeschubst! Ihr könnt entweder um Punkte spielen oder den Flieger, der der Mitte am nächsten gekommen ist, zum Sieger erklären.

FLIEGER FANGEN

Hier spielt der Papierflieger die Rolle eines Balles: Ihr werft ihn euch zu. Ihr könnt auch neue Regeln erfinden (dass man z.B. bei einem Fang mit dem Flieger eine Runde laufen muss ...). Der Ringgeist eignet sich gut dafür; einige andere Flieger (Iceberg, Oktopus) funktionieren am besten drinnen oder auf kleineren Sportplätzen. Aber tut euch nicht weh dabei!

ZEIT- UND ENTFERNUNGSWETTBEWERBE

Die meisten Papierfliegerwettbewerbe bewerten die Zeit oder die Entfernung, die geflogen wurde. Ihr könntet auch Kunststücke machen, aber die sind schwer zu bewerten. Die Entfernung misst man in einer geraden Linie vom Start bis zu dem Punkt, an dem der Flieger erstmals den Boden oder eine Wand berührt. Der Trick ist, ihn so gerade wie möglich fliegen zu lassen! Draußen ist das Messen wegen der größeren Entfernungen schwieriger: Ständig zum Ende eines 50 Meter langen Maßbands zu laufen, ist ganz schön anstrengend. Die Zeit zu messen, ist viel einfacher: Drücke die Stoppuhr im Moment des Abwurfs und dann wieder, wenn der Flieger landet, gegen etwas fliegt oder aus dem Blickfeld verschwindet. Rechnet die Zeiten mehrerer Flüge zusammen, um den Sieger zu ermitteln.

MASSENSTART

Eine einfache Idee, damit beim Wettbewerb nicht alles vom Glück abhängt: Beim Massenstart werfen alle gleichzeitig und von der gleichen Startlinie aus ihre Papierflieger. Der letzte Flieger, der landet, gewinnt. Hier hat jeder die gleichen Startbedingungen (Wind ...) – nur für die Preisrichter könnte es schwer werden, so viele Flieger auf einmal im Blick zu behalten. Macht Spaß bei einem Workshop oder in der Schule: Alle bauen das gleiche Modell und schauen, wer am besten basteln und Fliegerwerfen kann.

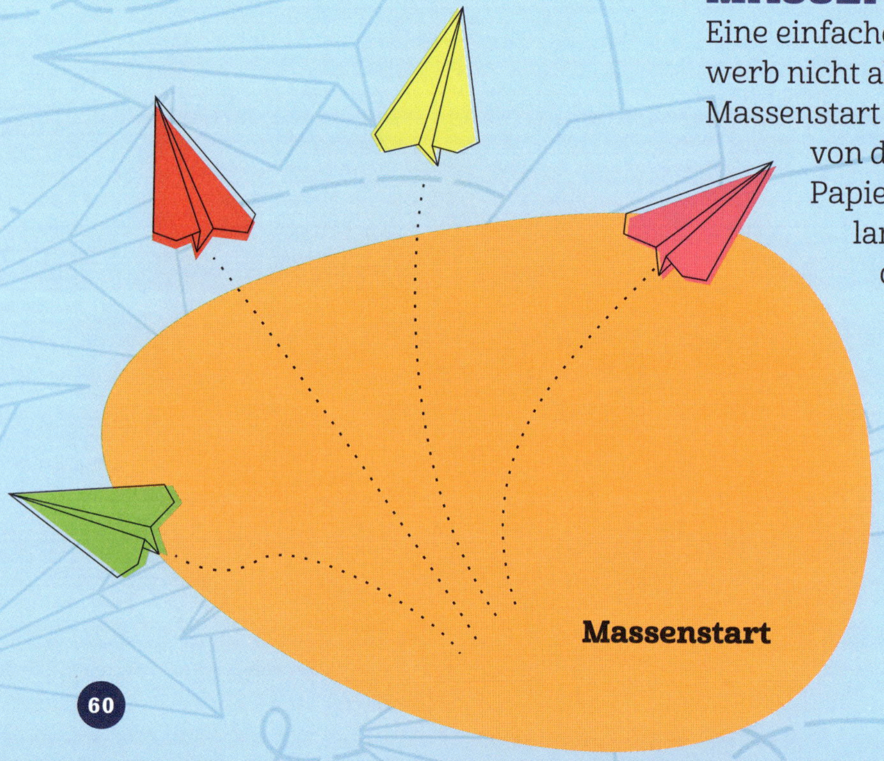

Einen Wettbewerb starten

Plane nicht zu viel auf einmal! Veranstalte deinen ersten Wettbewerb ganz privat, mit Freunden oder in der Schule. Lade erst dann mehr Leute ein, wenn du mehr Erfahrung hast. Probiere verschiedene Ideen aus, um herauszufinden, was für dich und deine Freunde am besten funktioniert. An diese Dinge musst du dabei denken:

Veranstaltungsort: eine Turnhalle, ein Park, ein Schulhof – und die Erlaubnis dafür.

Datum, Uhrzeit und Ankündigung.

Regeln.

Sicherheit.

Richter, Zeitnehmer.

Das Wetter, wenn es draußen ist; einen Plan B, falls es regnet.

Preise für die Gewinner.

Eine Versicherung, nur für den Fall.

Hier sind zwei Beispiele, wie eure Bewertungsbögen aussehen könnten. Auf beiden habt ihr zwei Durchgänge zur Auswahl: Auf dem ersten Zeit und Entfernung, auf dem zweiten einen festgelegten Flieger (hier den Delta-Jet) und einen freien Flieger nach Wahl. Du kannst sie gerne nach deinen eigenen Regeln abwandeln!

Papierpiloten-Wettbewerb
Name ________________
Runde: ☐ Zeit ☐ Entfernung
Ergebnis:
1 _______ Sekunden/Meter
2 _______ Sekunden/Meter
3 _______ Sekunden/Meter
4 _______ Sekunden/Meter
5 _______ Sekunden/Meter
Gesamt _____ Sekunden/Meter

Turnier der Papierflieger
Name ________________
Runde: ☐ frei ☐ Delta-Jet
Ergebnis:
1 _______ Sekunden/Meter
2 _______ Sekunden/Meter
3 _______ Sekunden/Meter
4 _______ Sekunden/Meter
5 _______ Sekunden/Meter
Gesamt _____ Sekunden/Meter

An diesem Origami-Papierfliegerwettbewerb in Miyakojima, Okinawa, haben 150 Leute teilgenommen. Schau genau hin, dann siehst du die Flieger oben an der Decke! Die Gewinnerzeit betrug 14 Sekunden. *Foto: Takuo Toda*

Deine Landebahn!

Jetzt, wo du eine ganze Flugzeugflotte hast, muss ein Flughafen her. Hier ist er! Dort gibt es ein Vorfeld zum Parken, einen Hangar, einen Tower und natürlich eine Landebahn. Du brauchst etwas Übung, um darauf zu landen, aber ich bin sicher, du schaffst es!

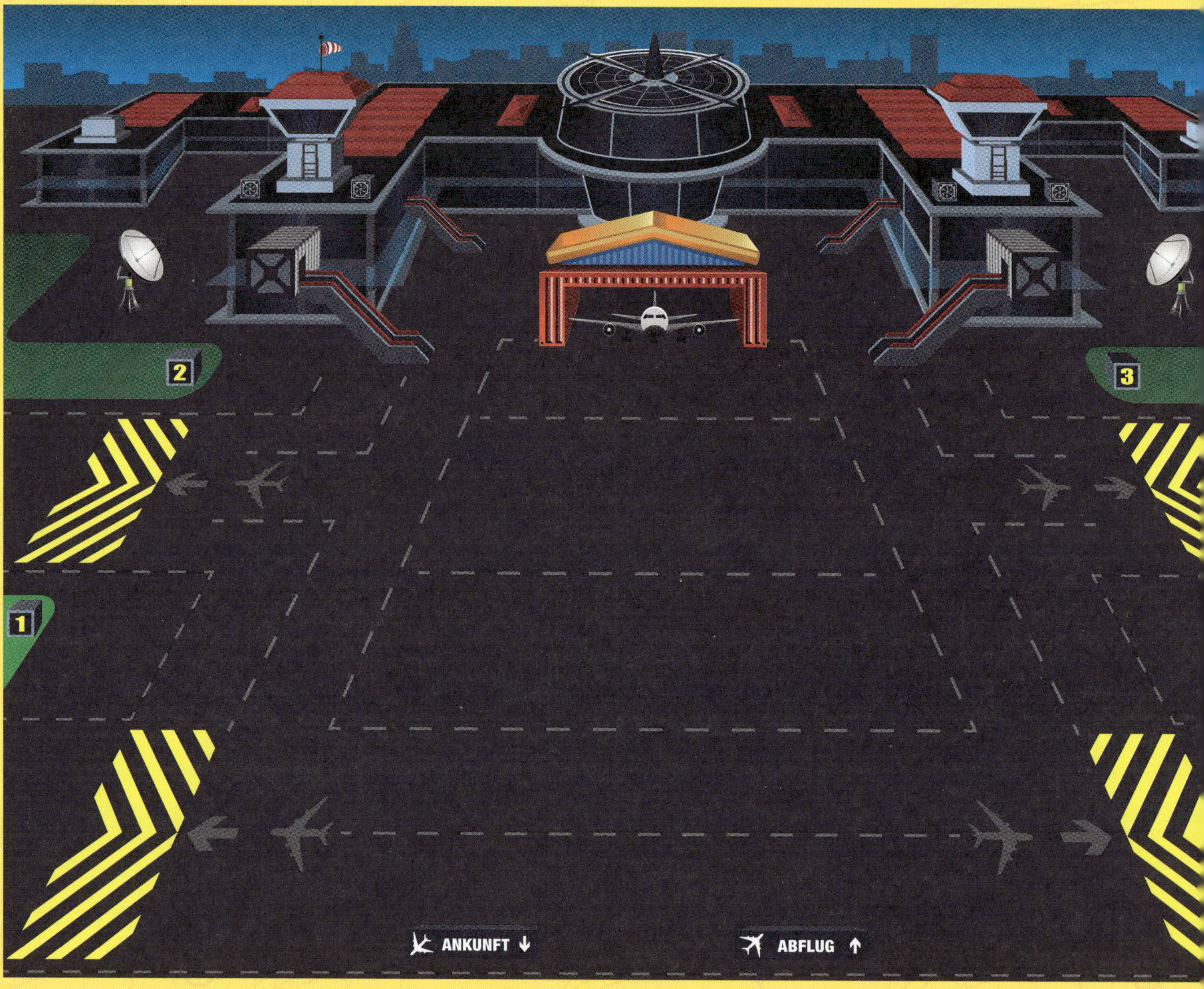

Schaffst du es, deine Flieger aus einiger Entfernung sicher landen zu lassen? Du brauchst viel Augenmaß und dazu noch Geschick beim Justieren der Flieger, aber mit etwas Übung wirst du die Landebahn jedes Mal treffen!

Wenn du am Flughafen nicht nur landen, sondern auch starten willst, kannst du einen langen Faden an einen Flügel kleben (dort, wo der Schwerpunkt des Fliegers ist) und den Flieger um dich herumkreisen lassen. Mit etwas Übung kannst du ihn so auch sanft gleitend landen lassen. Pass nur auf, dass dir nicht schwindlig wirst und du hinfällst ...

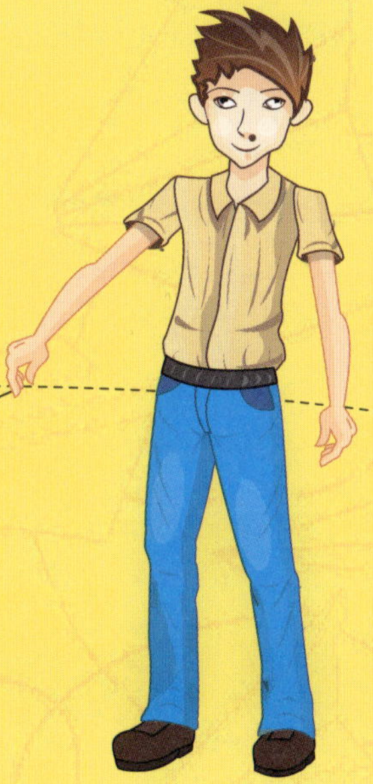

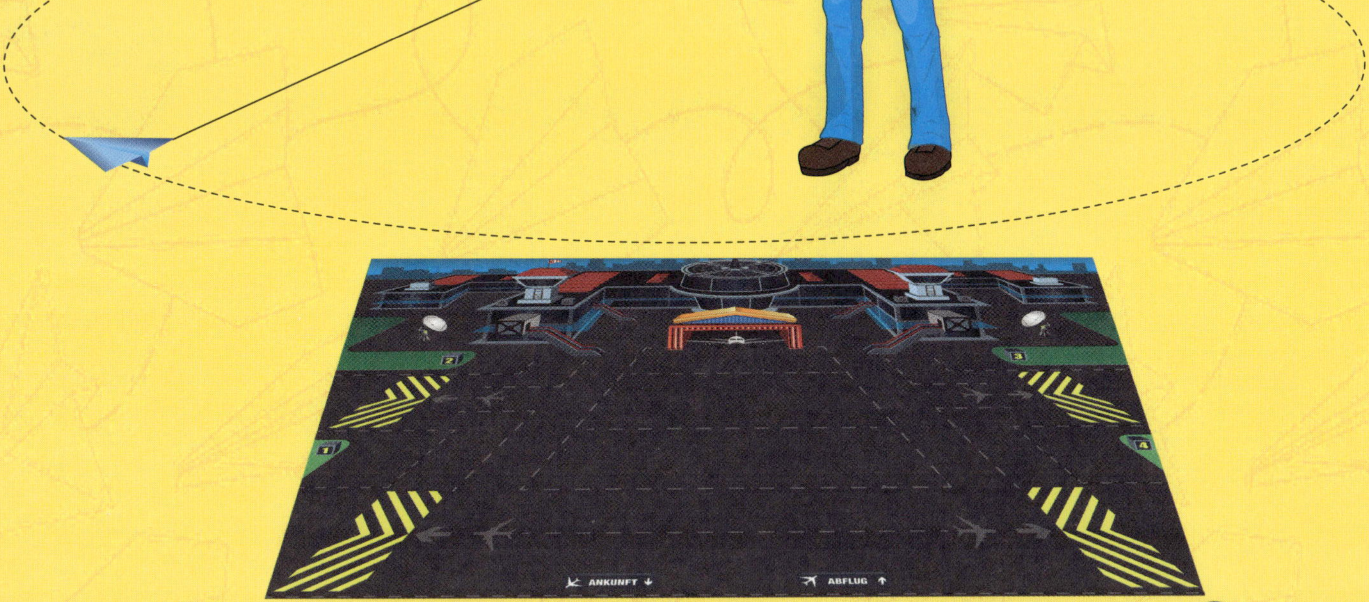

Original English version published by Tuttle Publishing under the title
Ultimate Paper Airplanes for Kids

ISBN 978-4-8053-1363-3

Ullmann Medien GmbH, Rolandsecker Weg 30, 53619 Rheinbreitbach
Übersetzung aus dem Englischen: Katrin Höller
Redaktion und Satz: writehouse, Köln
Coveradaption: Beate Lennartz
Gesamtherstellung: Ullmann Medien GmbH, Rheinbreitbach
10 9 8 7 6 5 4 3 2
ISBN 978-3-7415-2753-1
www.ullmannmedien.com

5
5
3
3
4
4
5

5
5

5
5
3
3
4
4
5

5
5
6
6
1
1

5
5
3
3
4
4
5

5
5

5
5
3
3
4
4
5

⑤
⑤
①
①
③
③
④

⑤
⑤
①
①
④

5
5
1
1
3
3
4

⑤
⑤
①
①
④

④
⑤
②
②

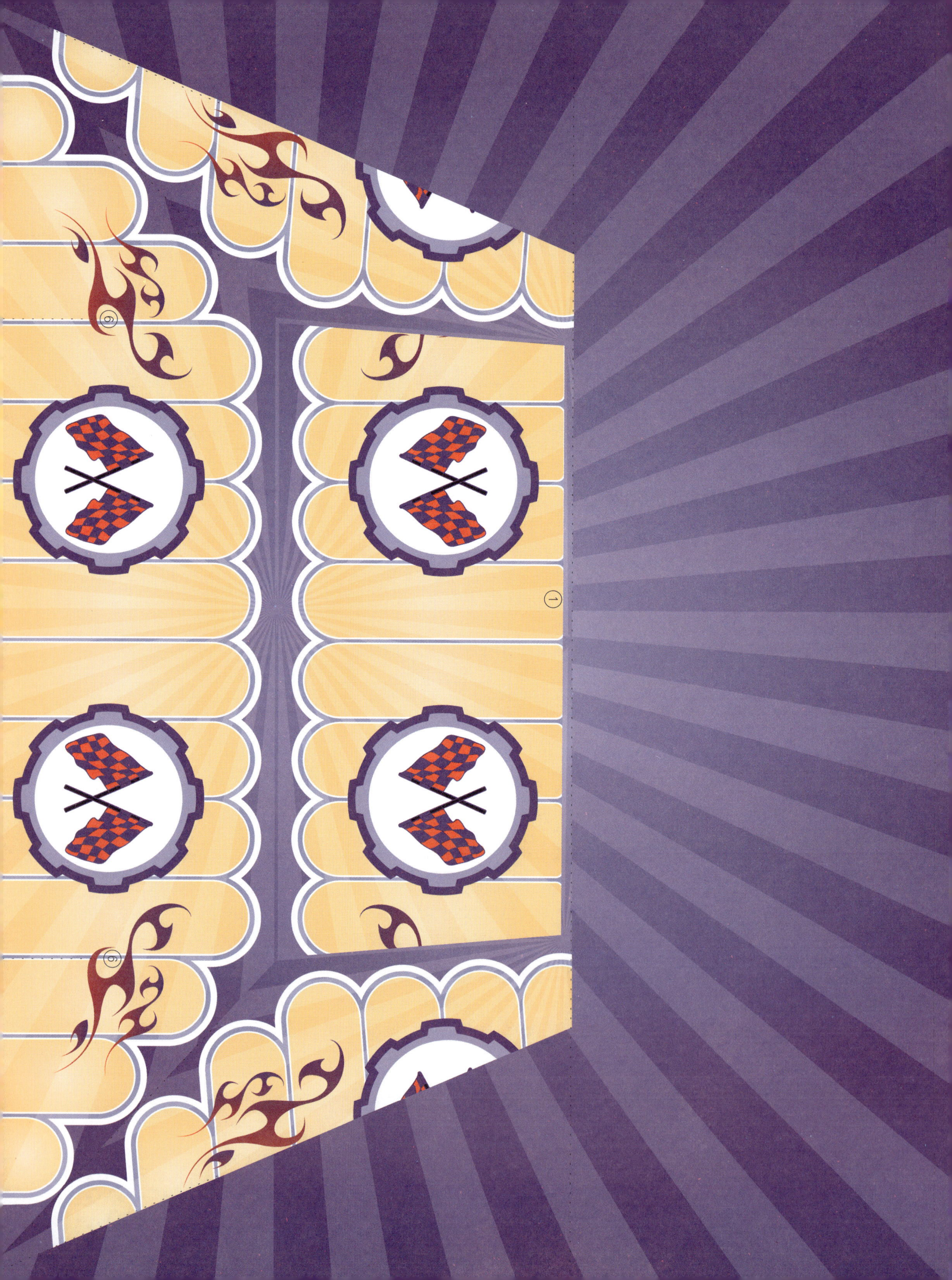

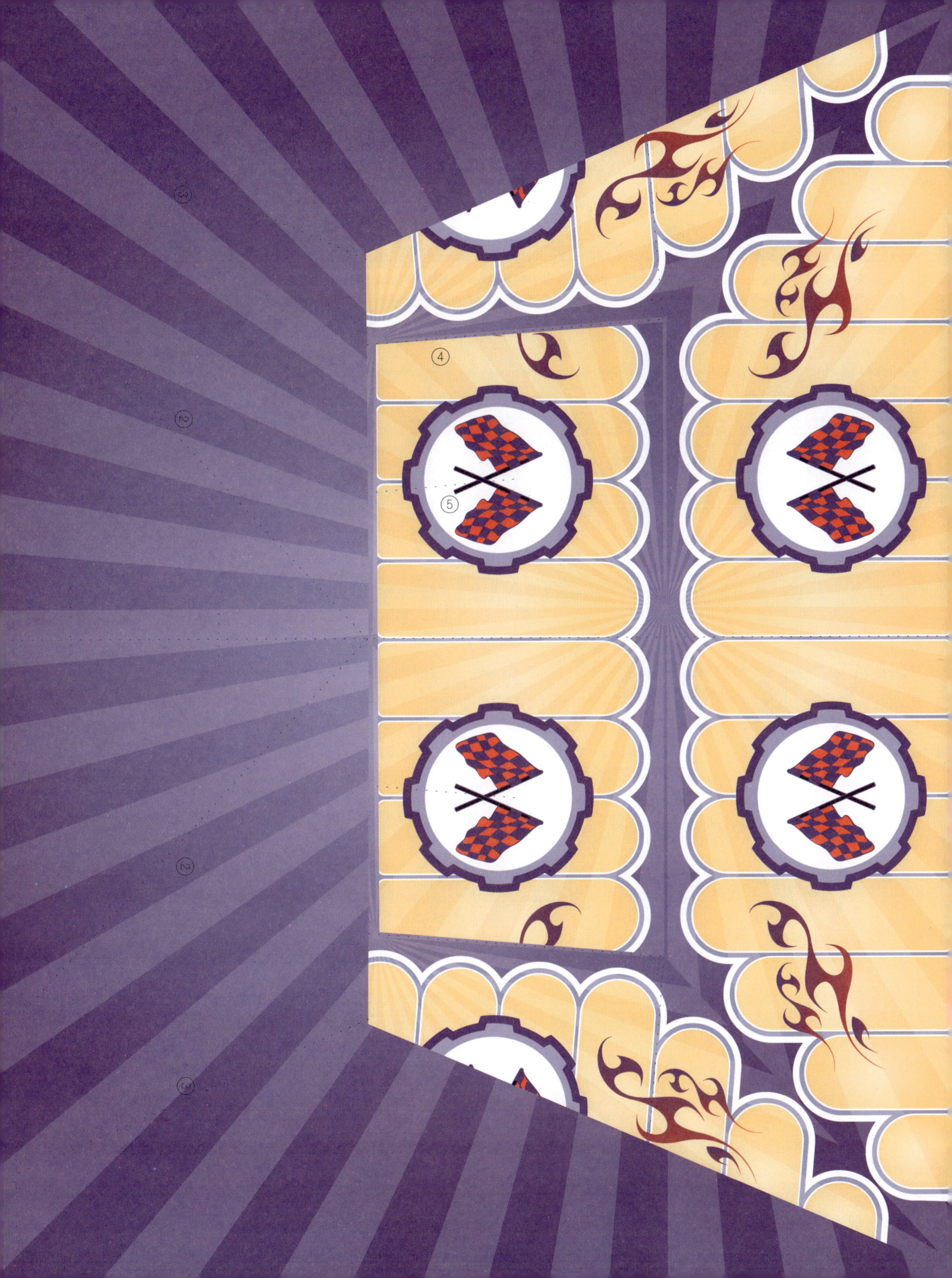
③
②
④
⑤
②
③

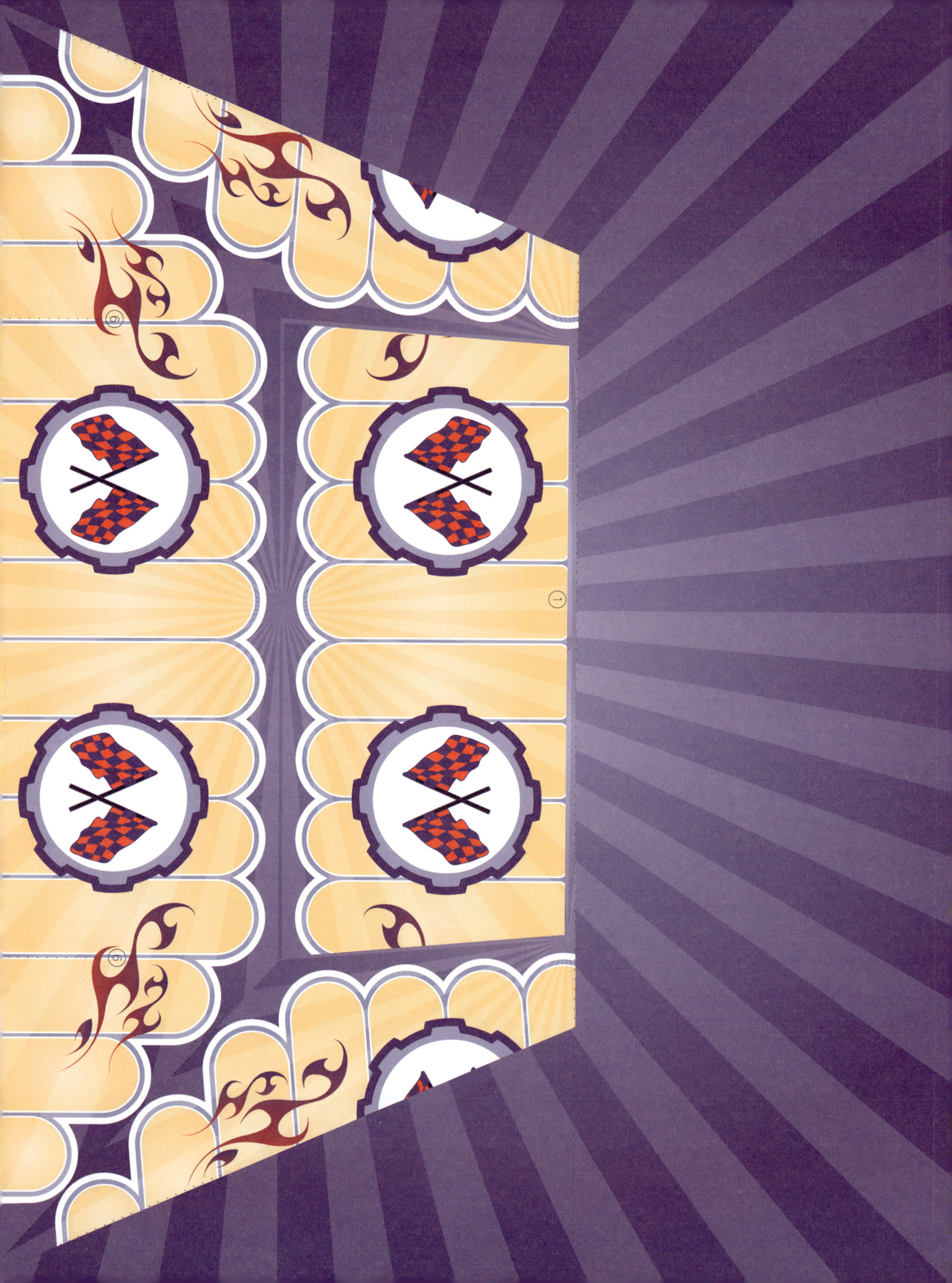

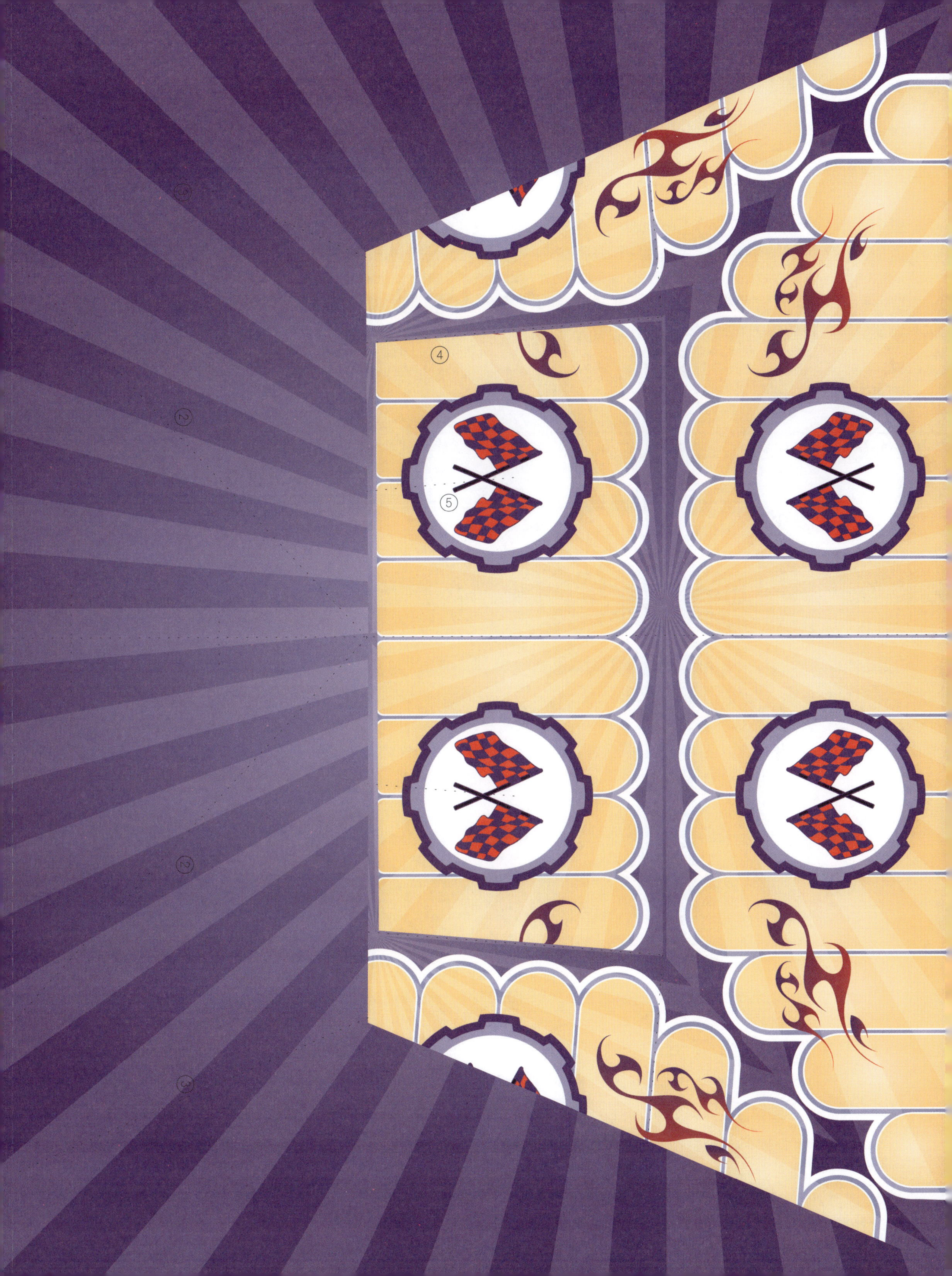
②
④
⑤
②
③

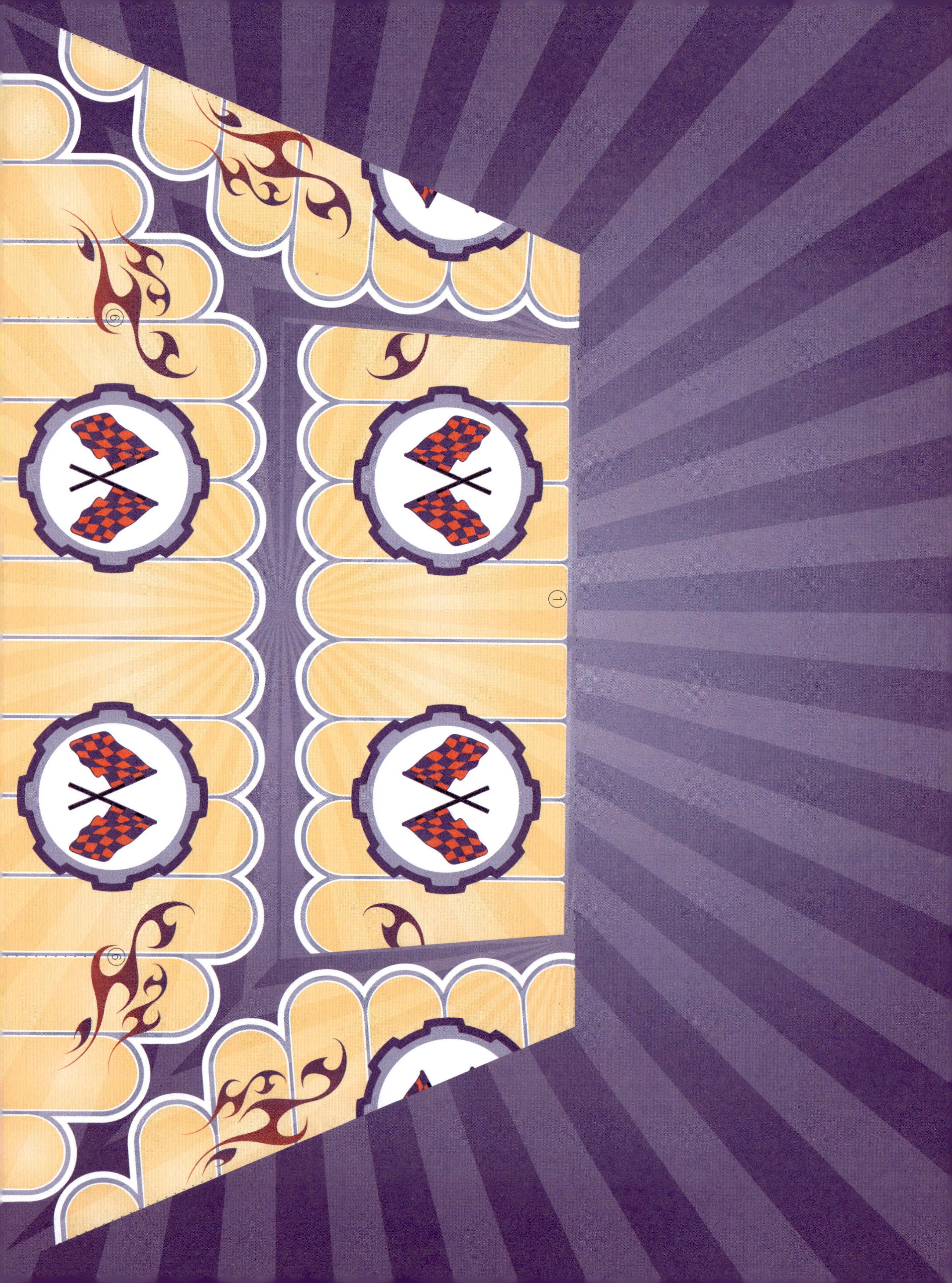

6
1
6

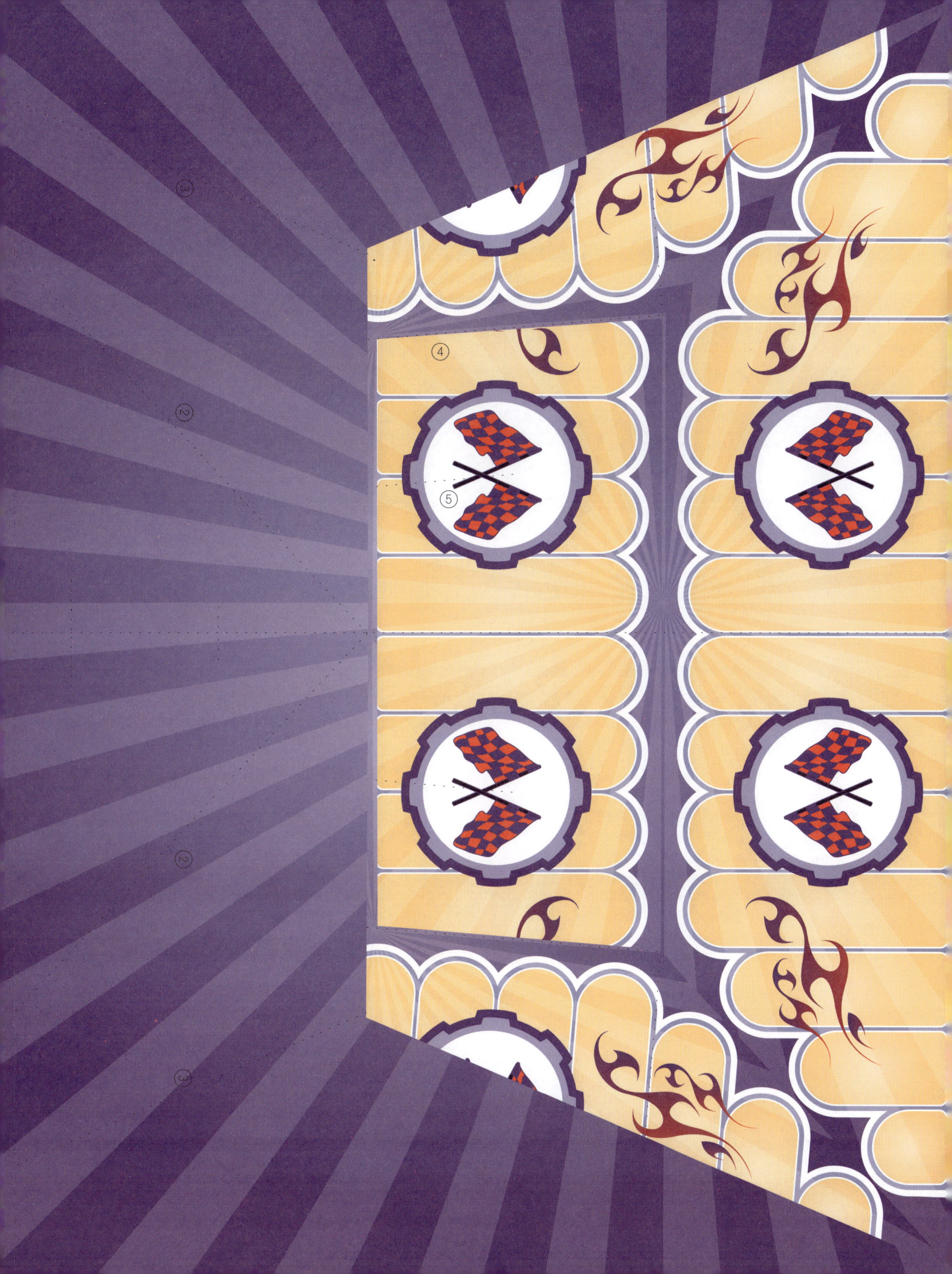
③
④
②
⑤
②
③

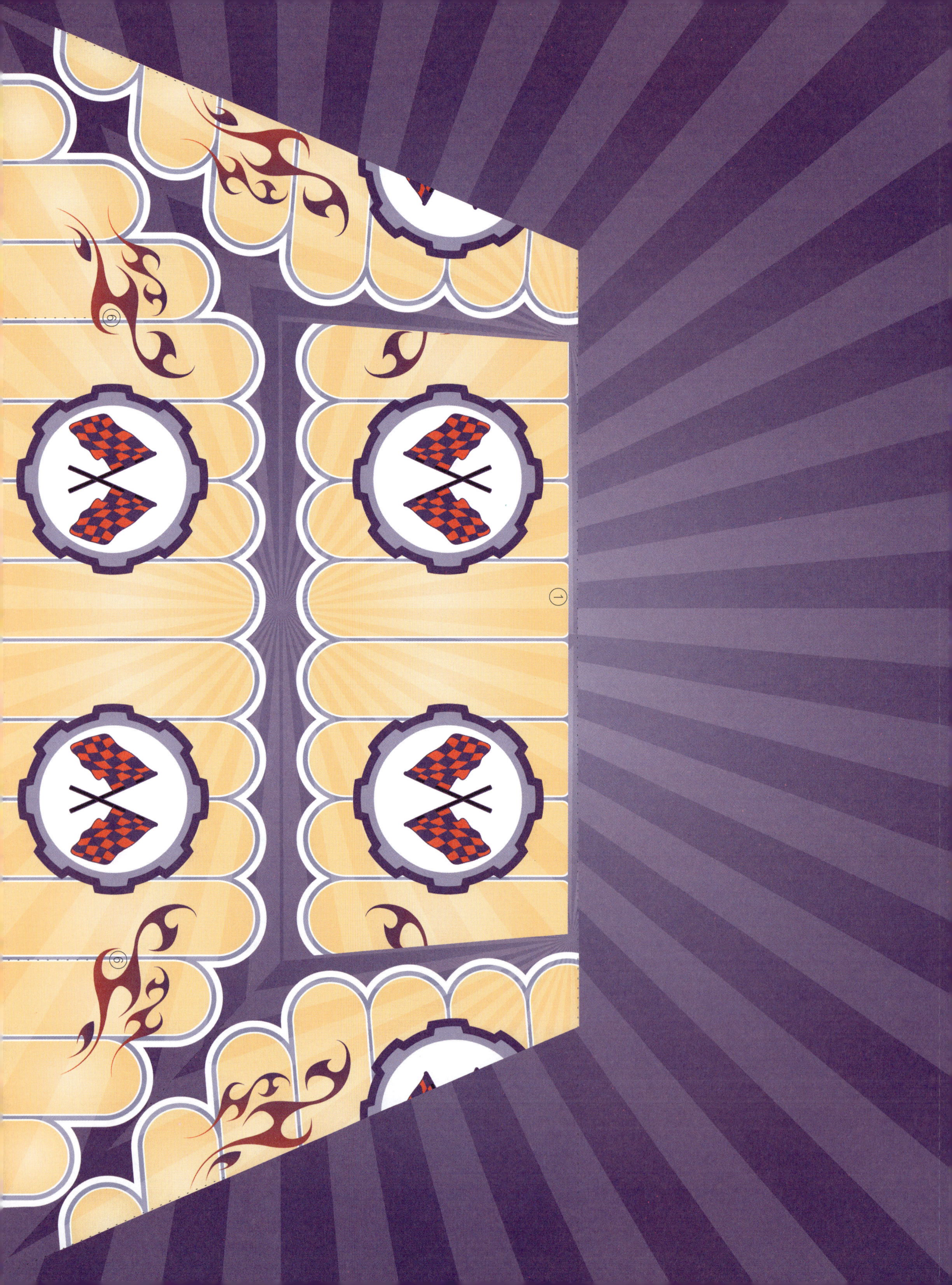

④

4

⑥
⑤
⑤
⑥
①

4

6
6
5
5
1

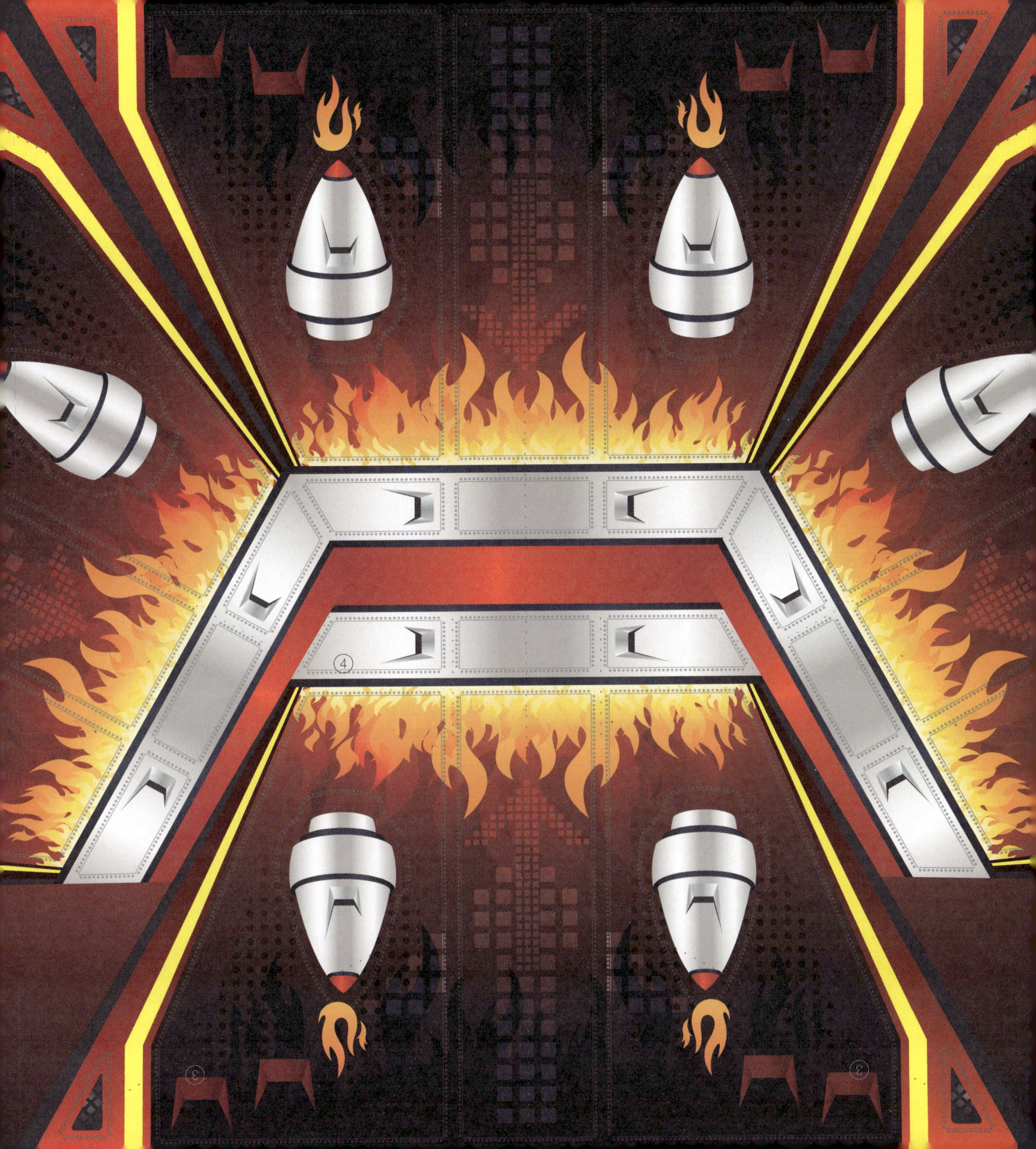

6
6
5
5
1

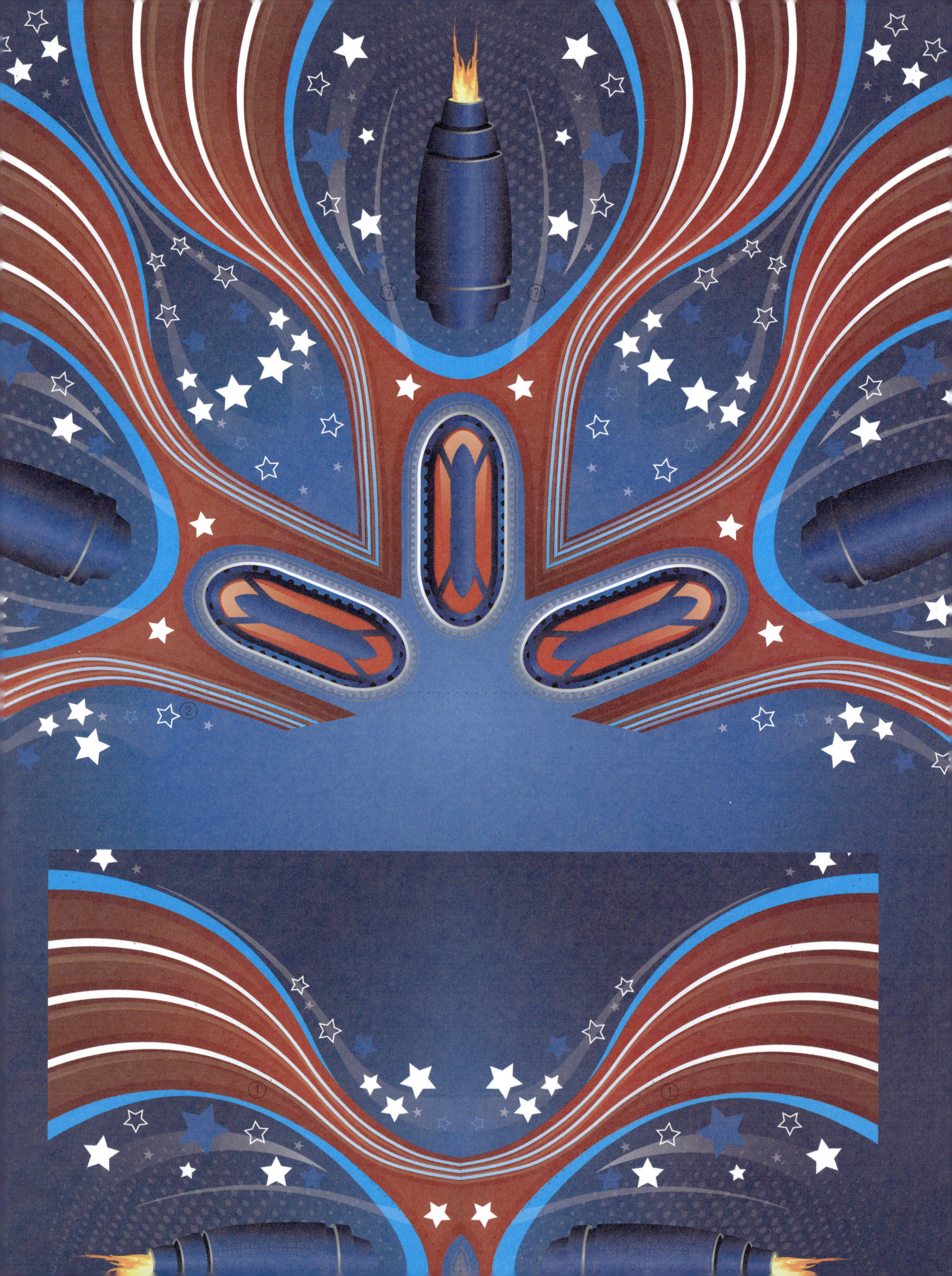
7
7
2
1
1

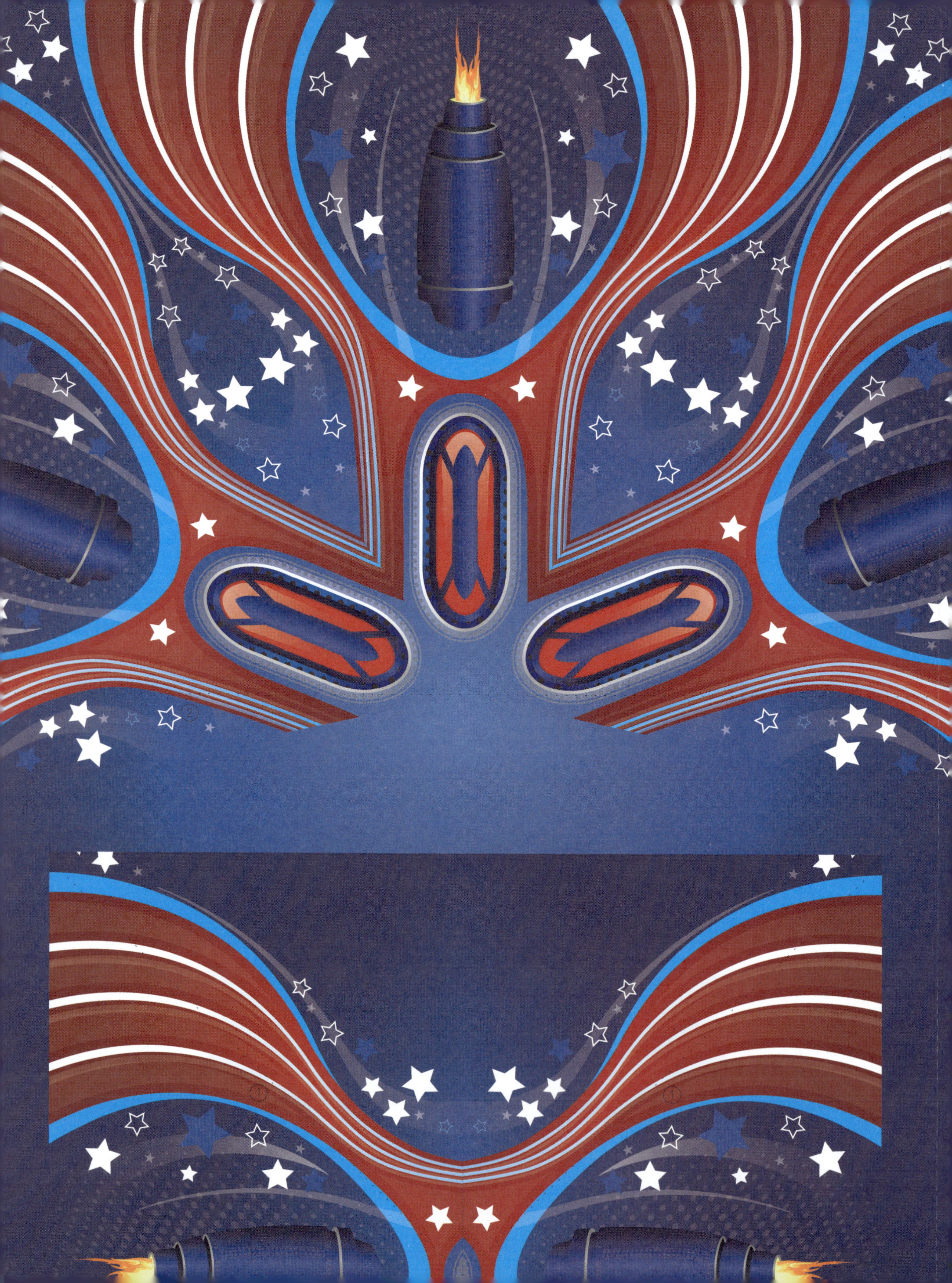

7
7
1

③
③
⑥ ⑤ ④
②
②

③
⑥
⑤
④
③
②
②

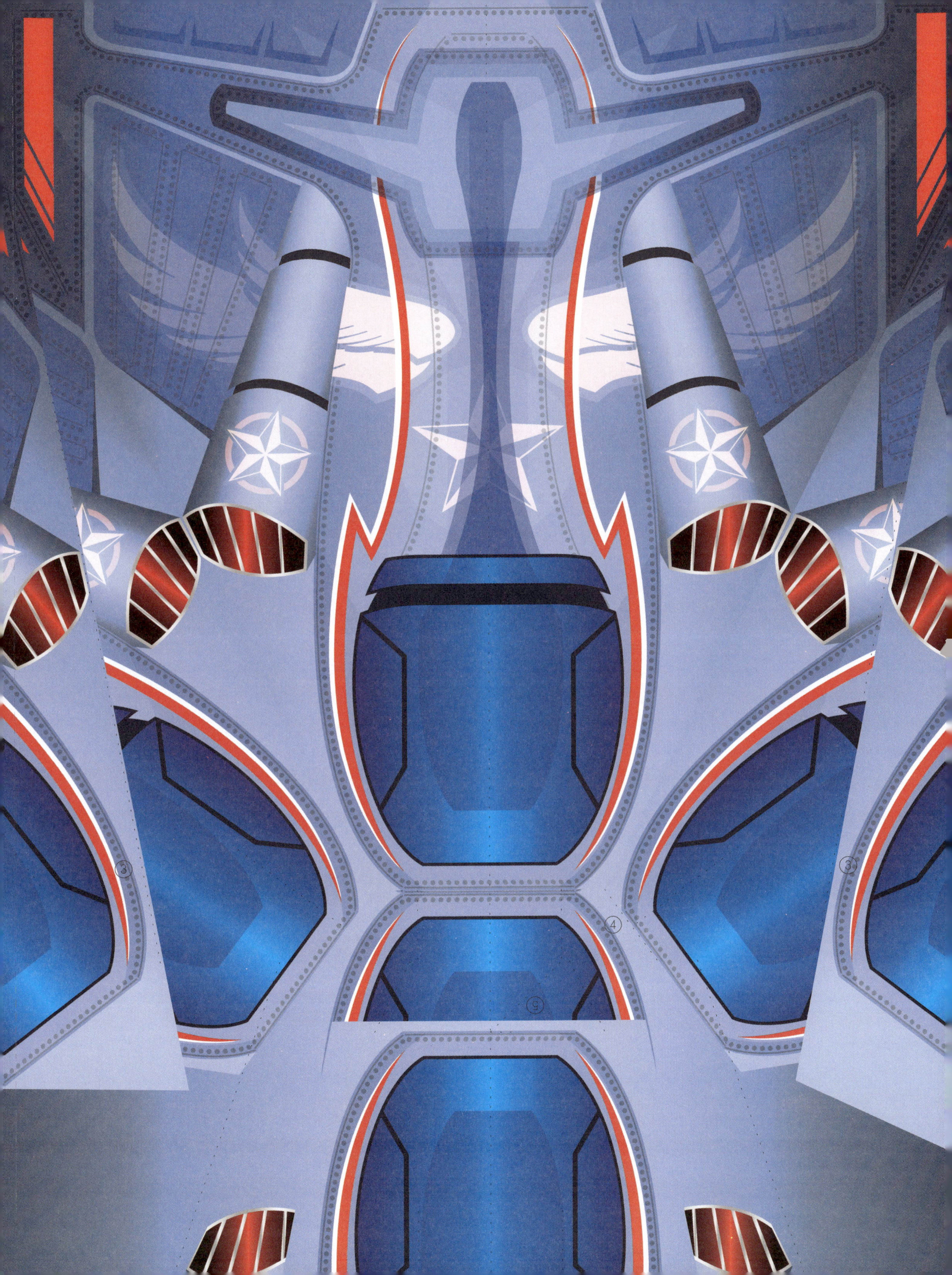
3
4
5
3

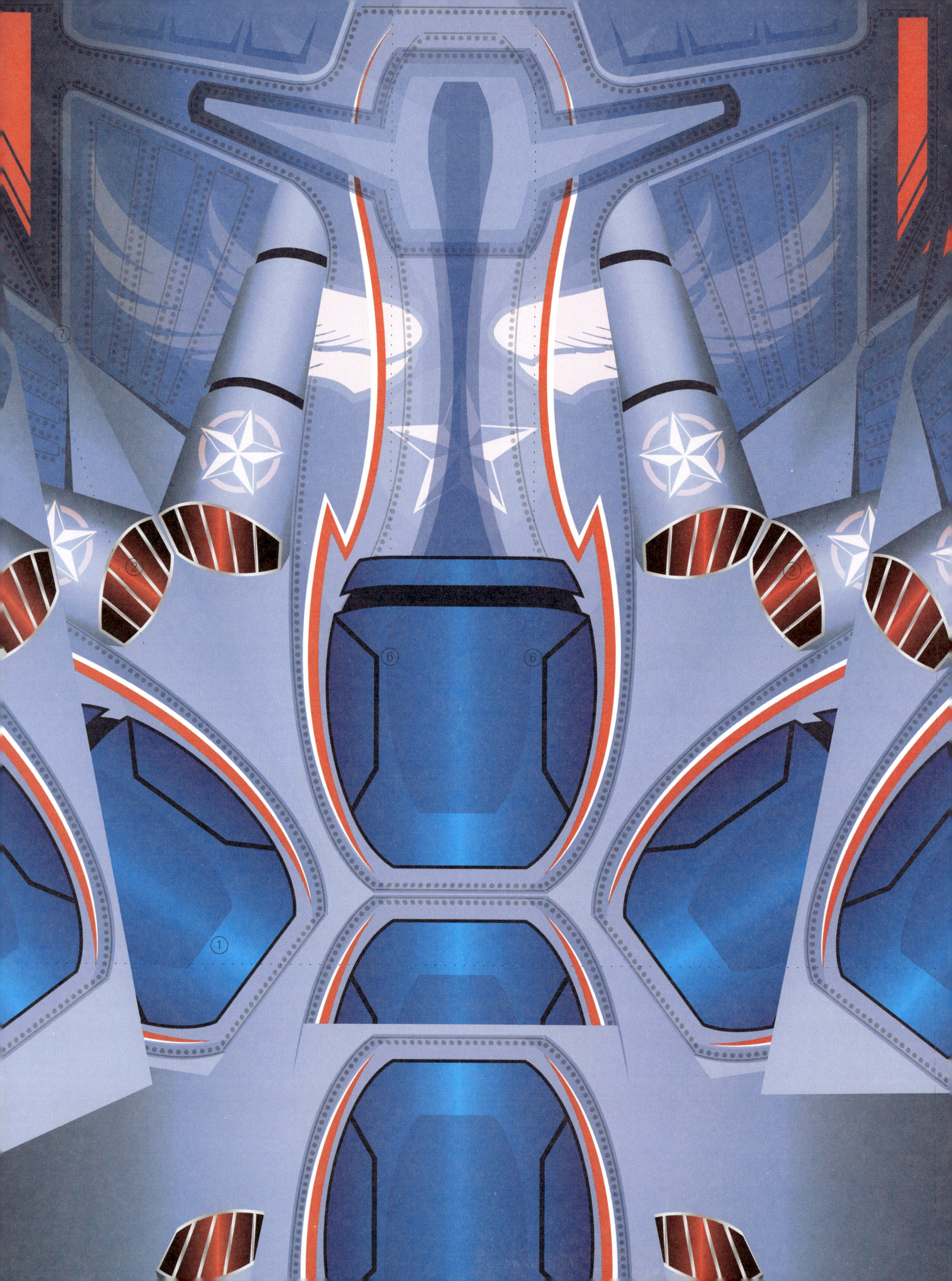

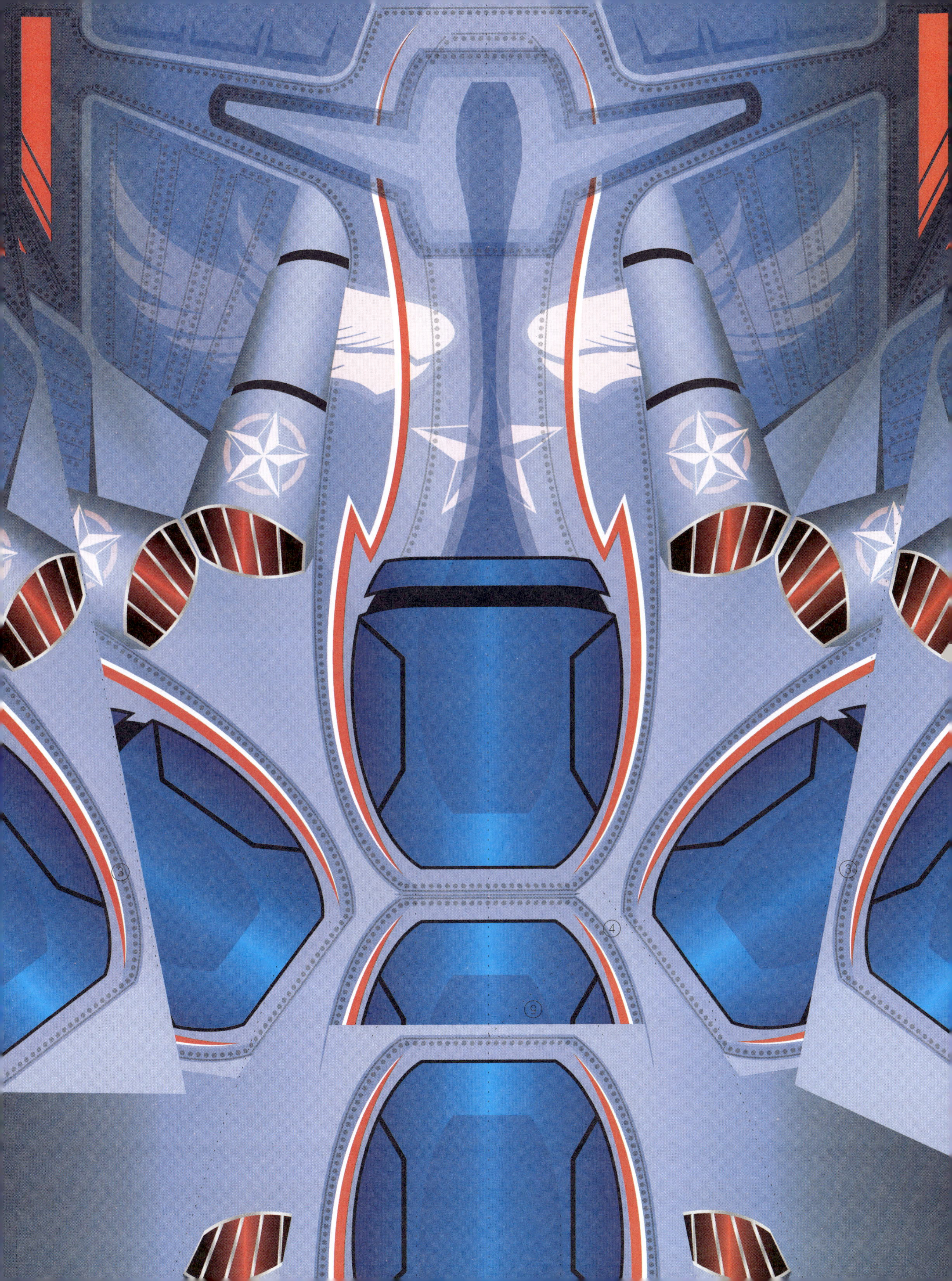

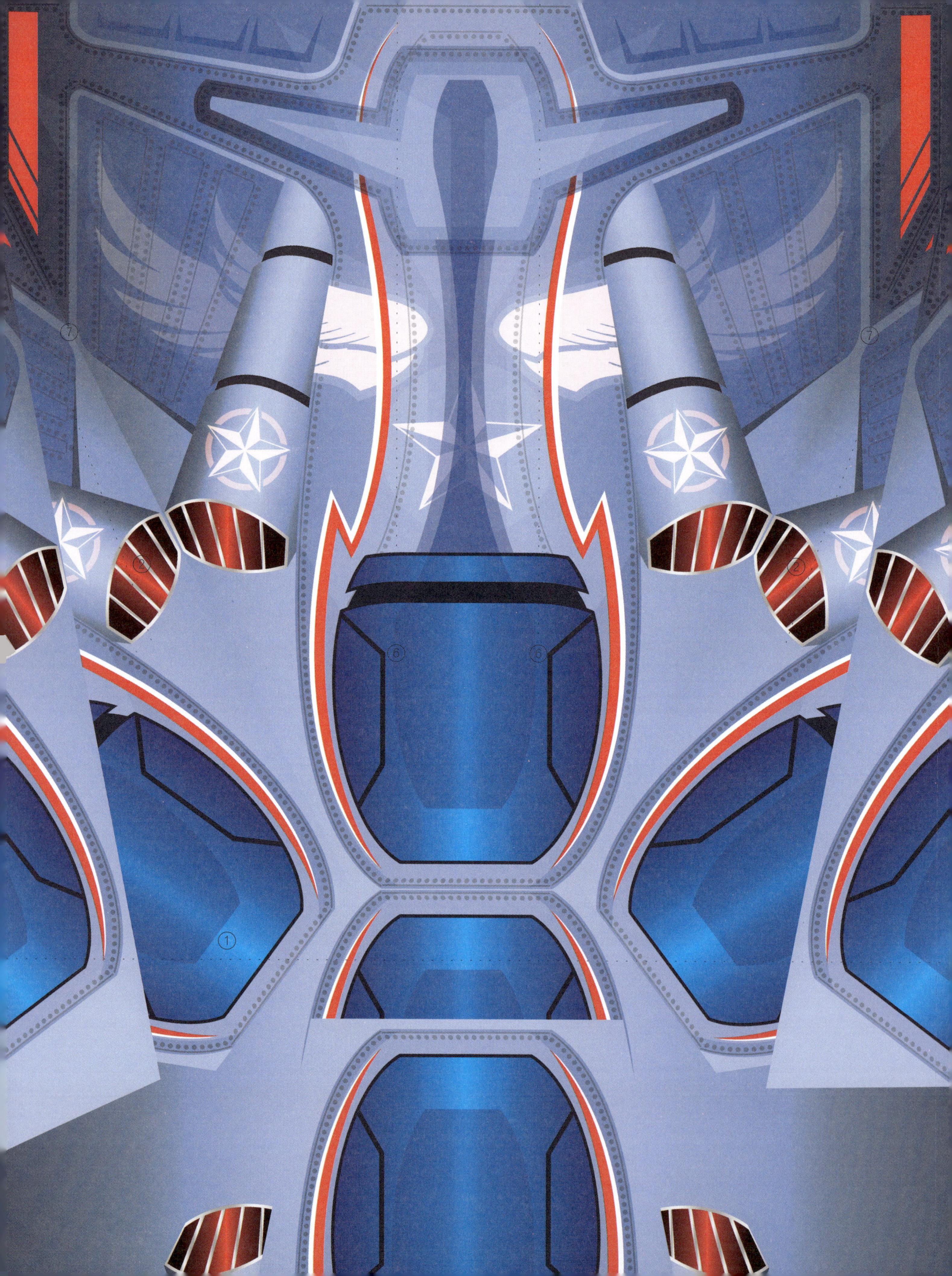

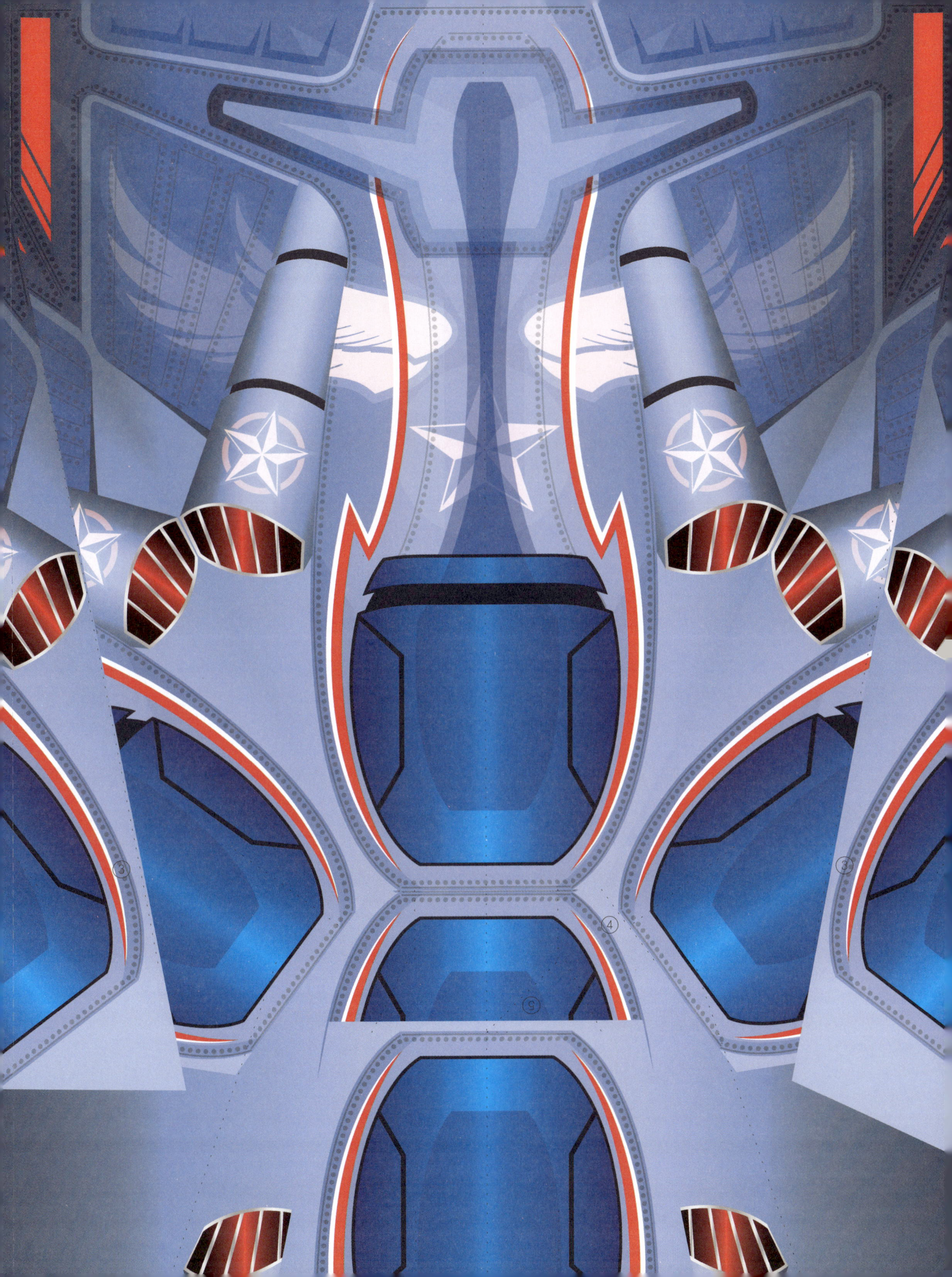

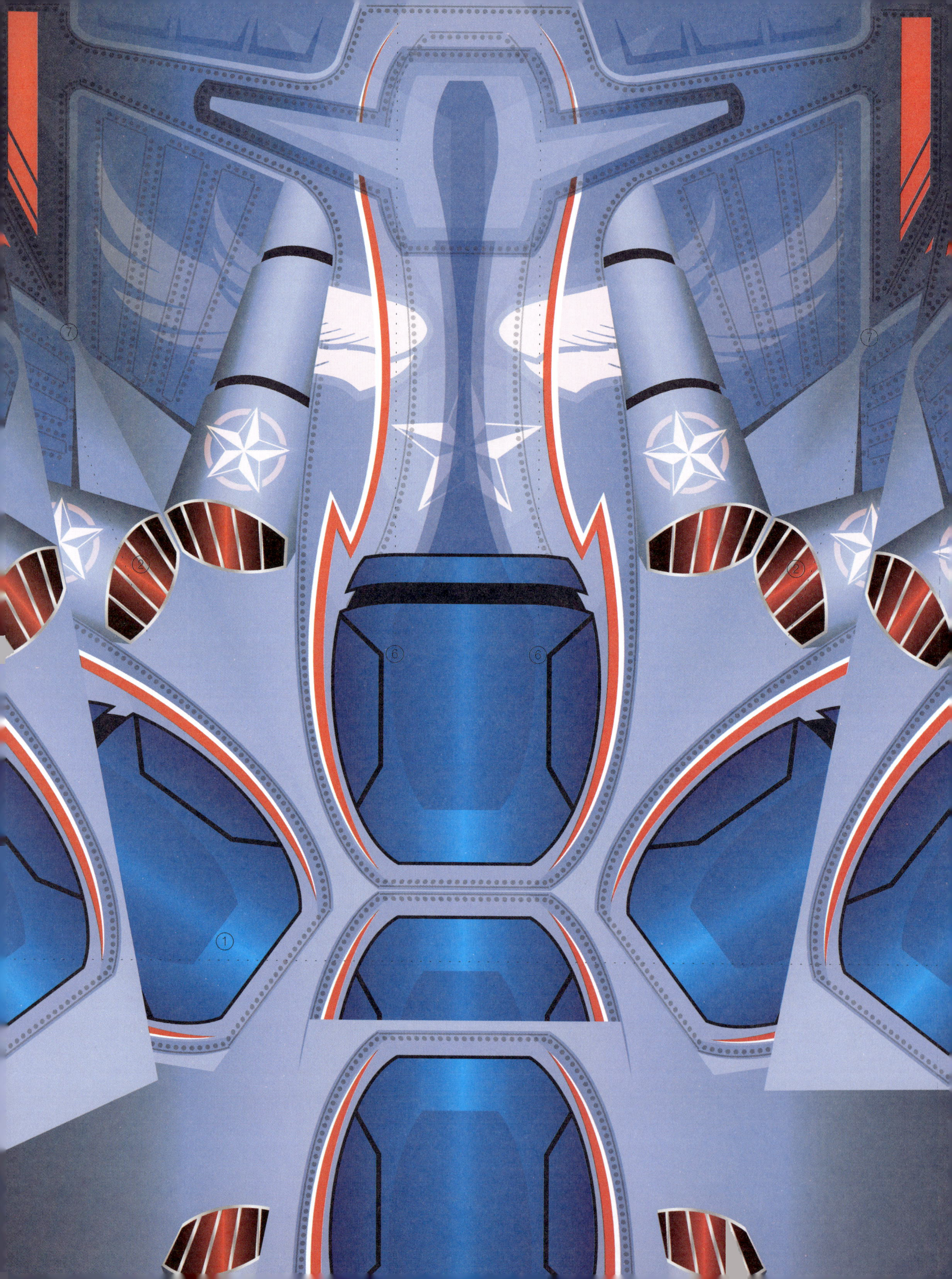

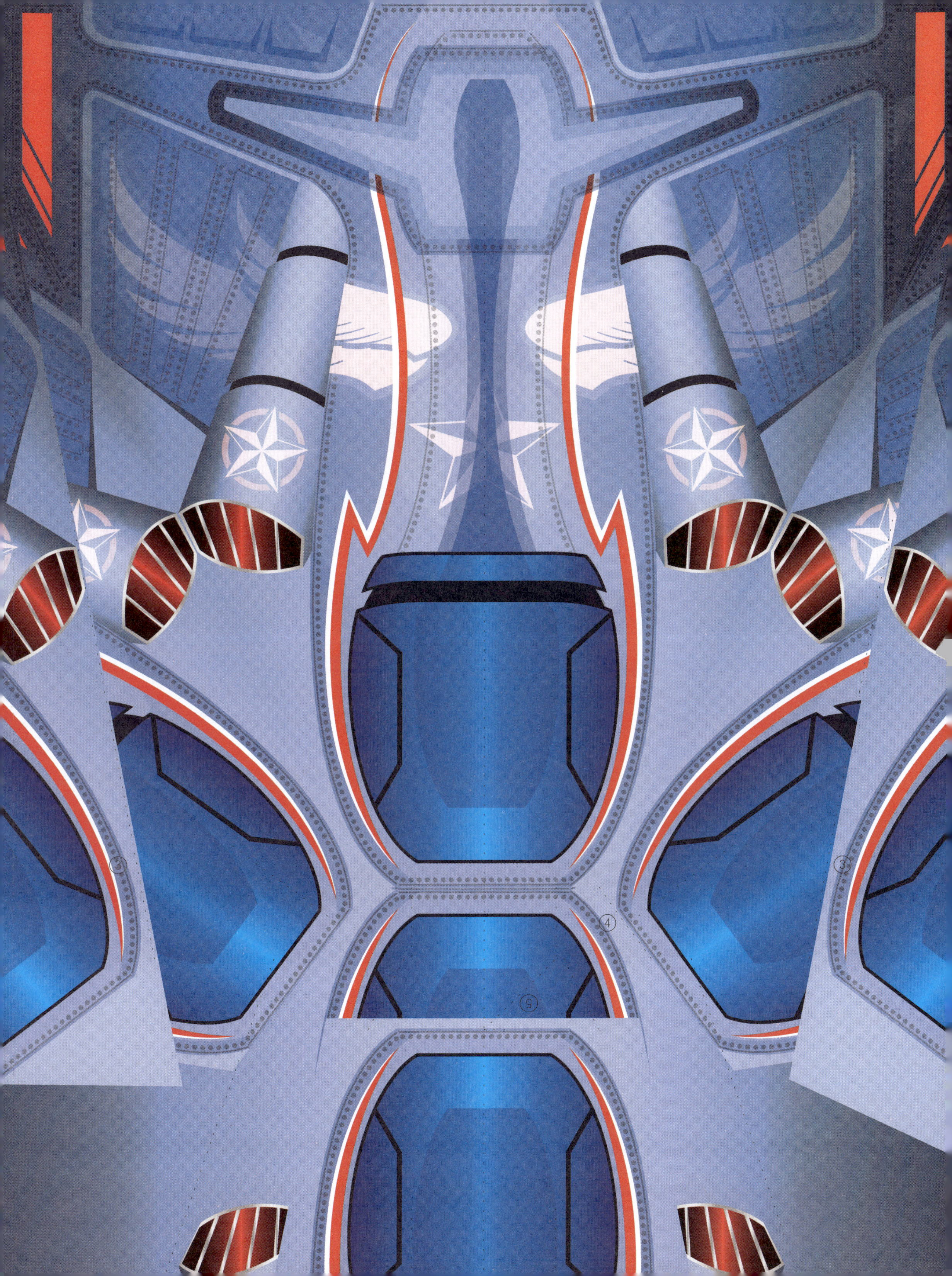

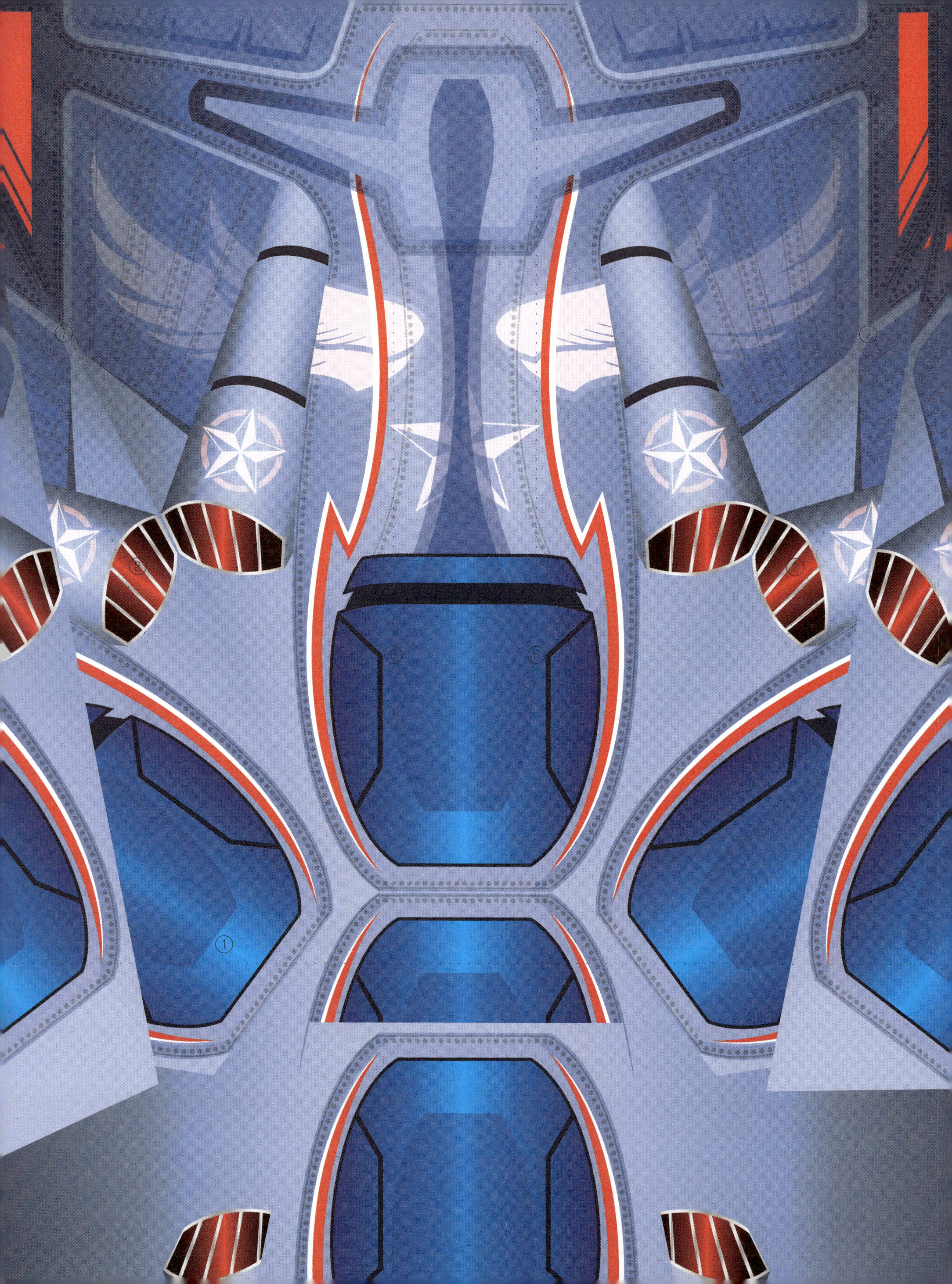

③
④

1
2

③
④

③
④

1
2

③
④

1
2

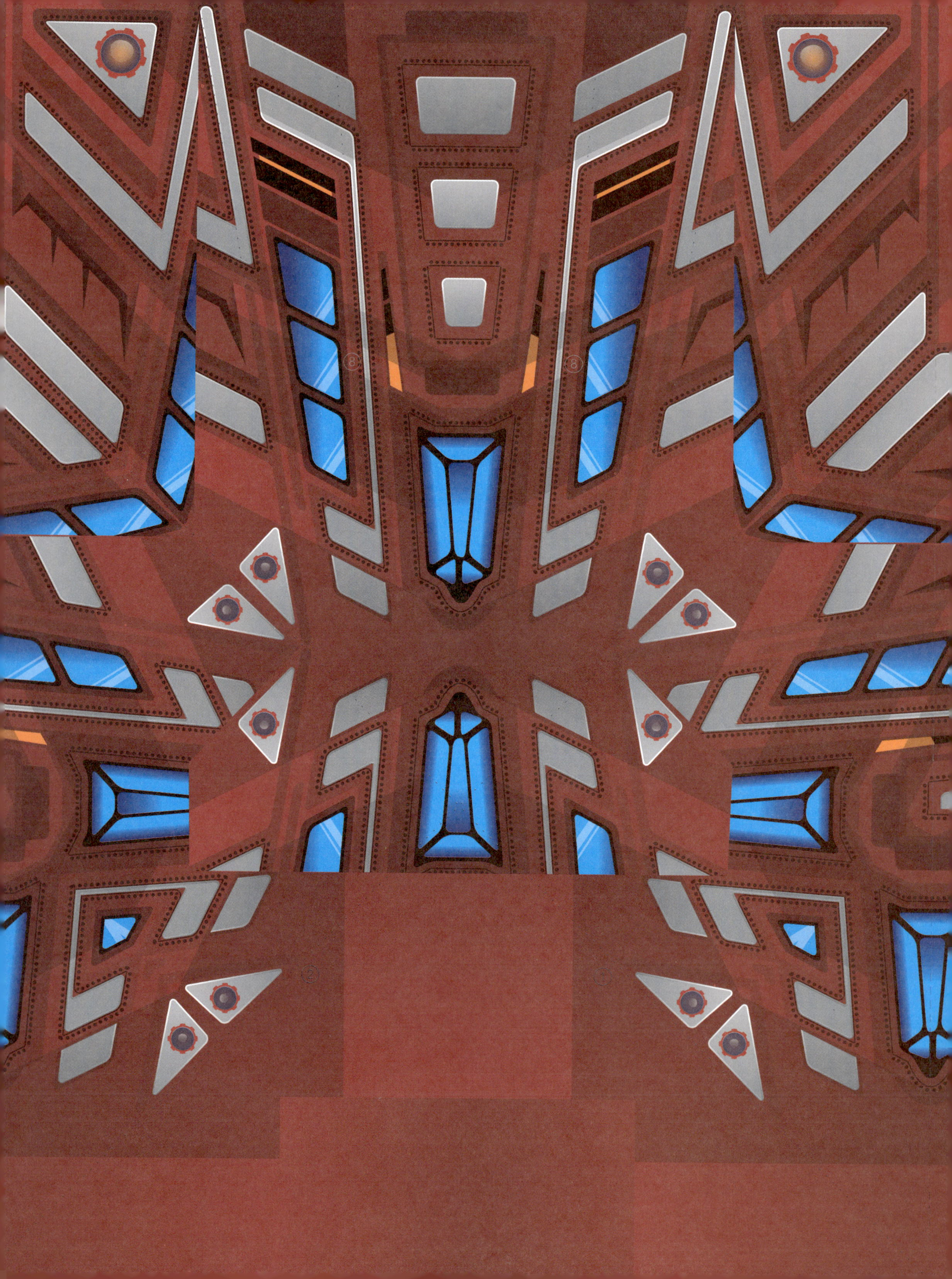

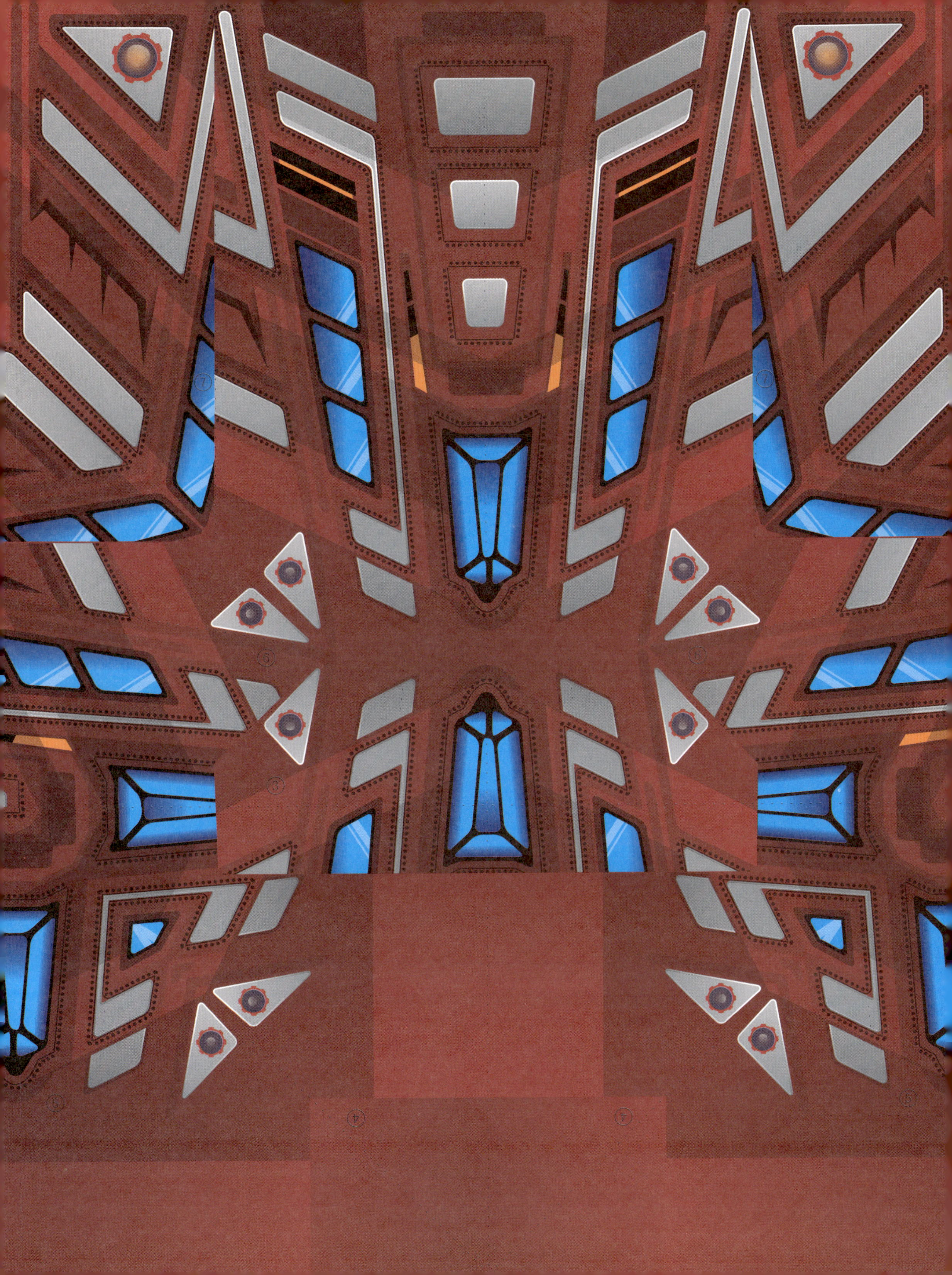

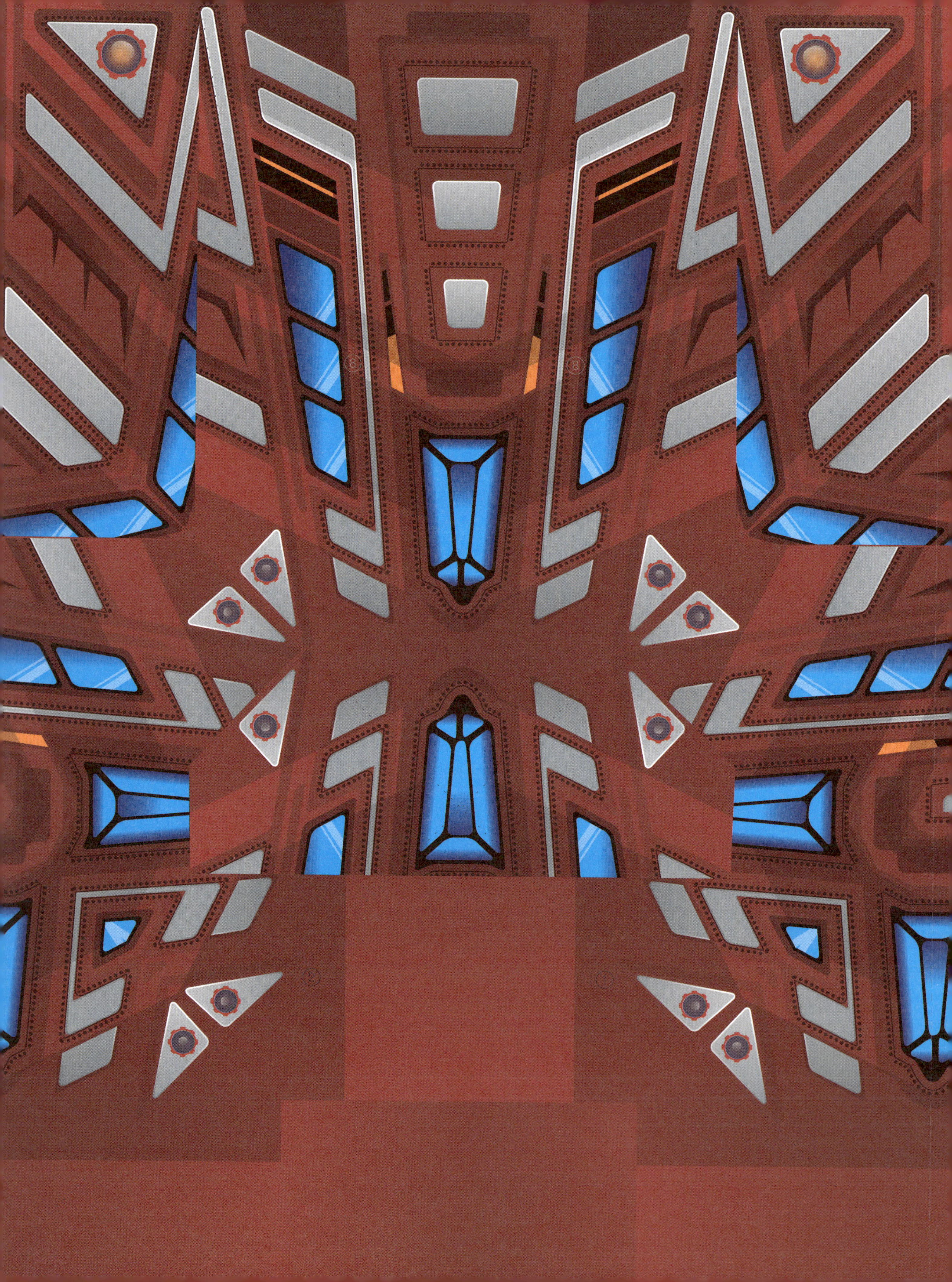

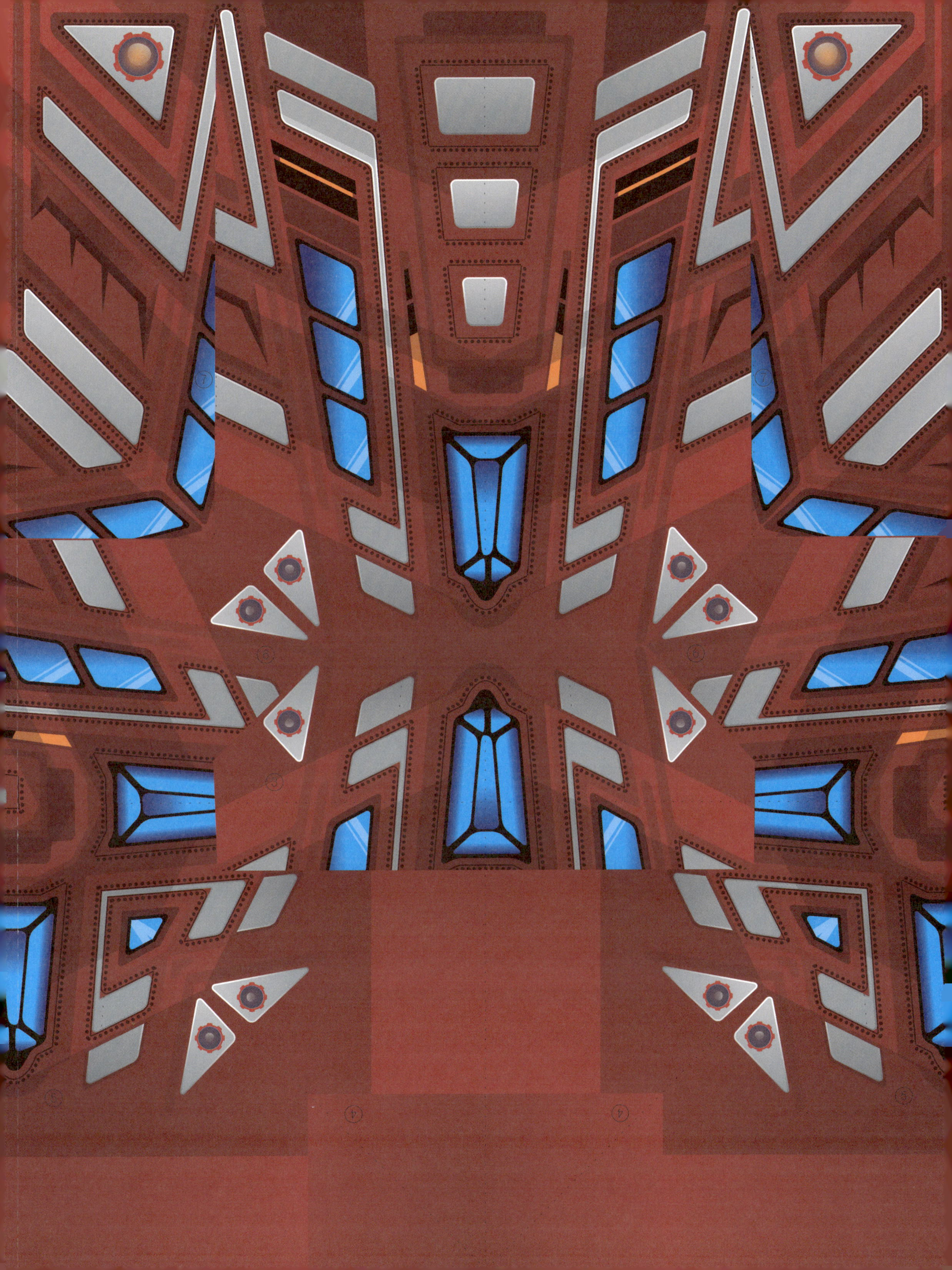

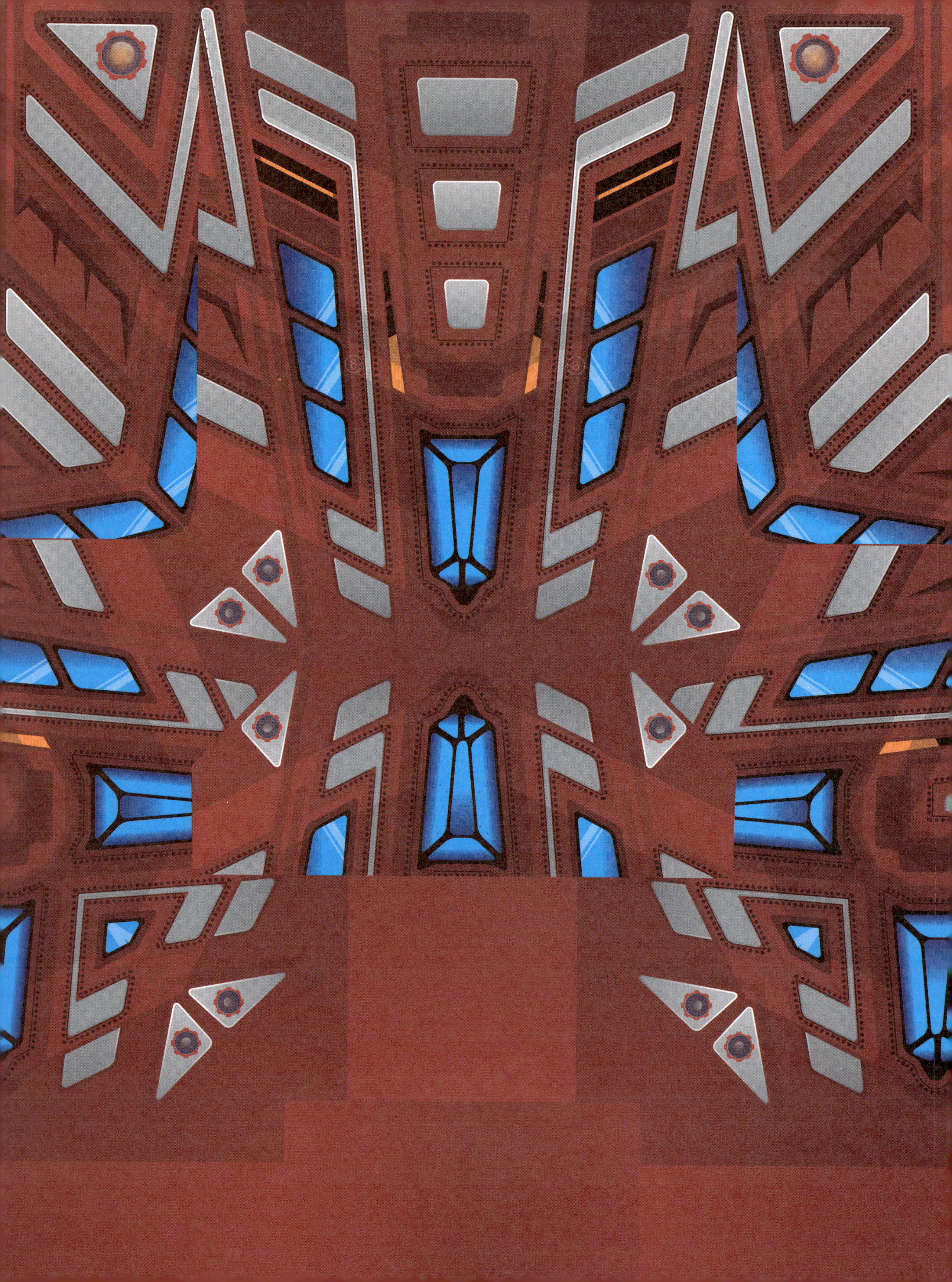

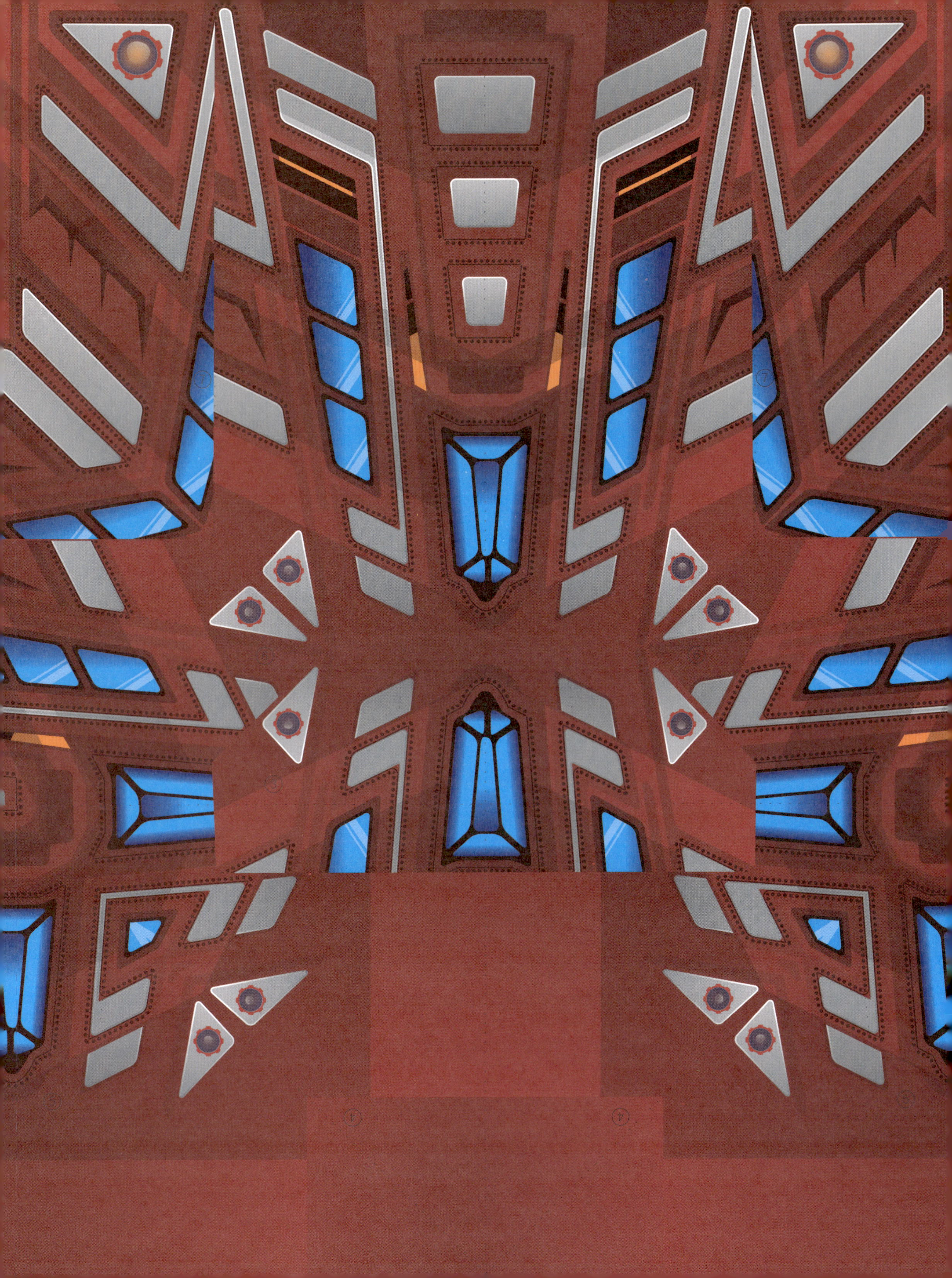

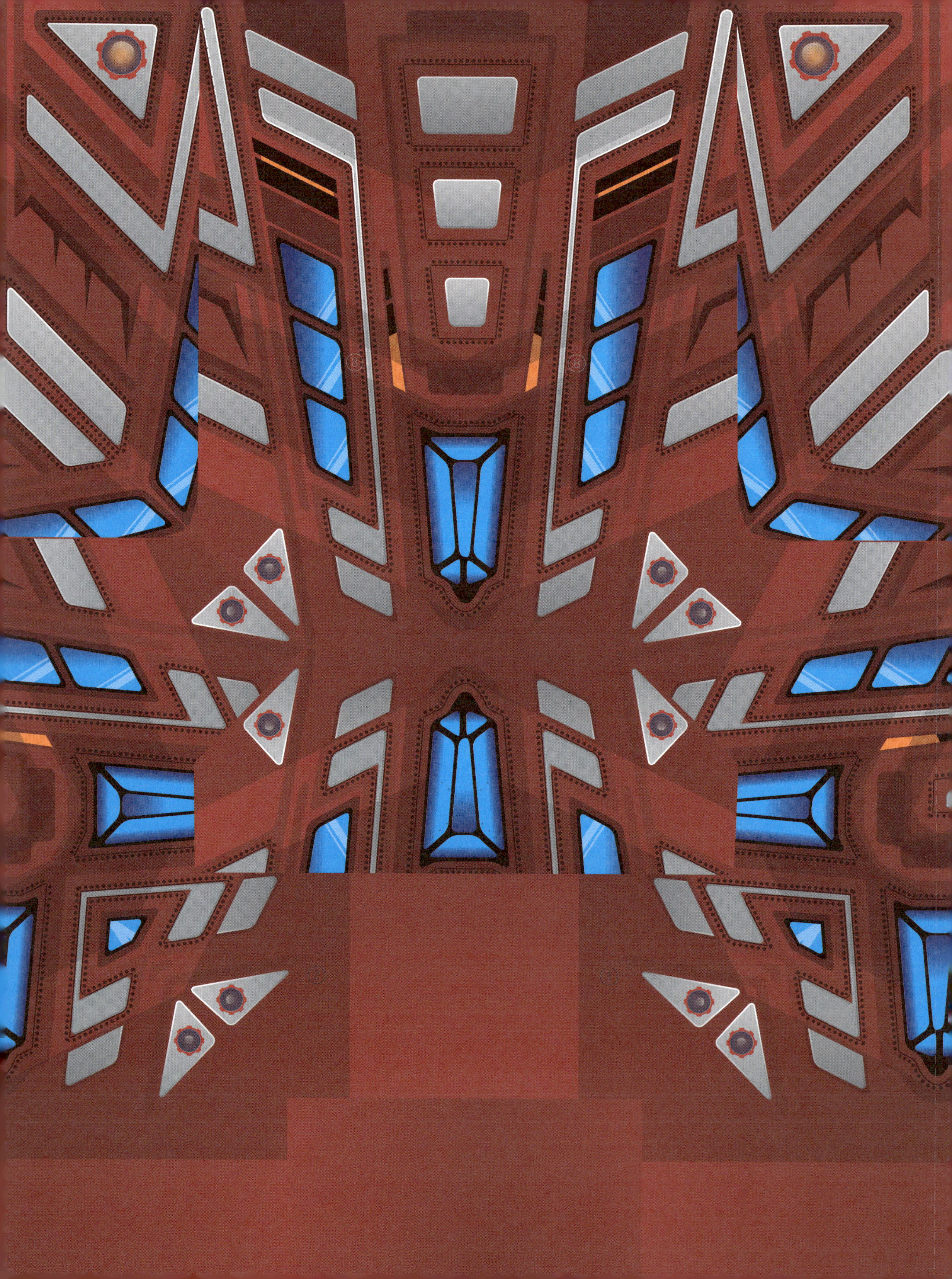

4
3
6
2
2

7
7
5
5
1
1

4
3
6
2
2

⑦
⑦
⑤
⑤
①
①

4
3
6
2
2

7
7
5
5
1
1

④
③
⑥
②
②

7
7
5
5
1
1

⑧
①
④
③

⑨
⑧
②
⑤
⑥
⑦

⑧
①
④
③

⑧
①
④
③

⑨
⑧
②
⑤
⑥
⑦

⑧
①
④
③

⑧
⑤
⑥
⑦